사계절 곤충 탐구 수첩

일러두기

- 이 책에 기록된 곤충명은 국제적으로 공인된 공식 학명에 대한 국명을 기준으로 하였으며, 국내에서 관용적으로 사용되는 다른 이름(이명)이 있는 경우에는 필요에 따라 괄호 안에 표기하였습니다.
- 우리나라에서 찾아보기 어려운 외래종은 학명(라틴어)만 있고 국명이 없는 경우도 있어, 이 경우에는 학명이나 일본명을 참고로 새롭게 이름을 붙였습니다.
- 곤충의 크기는 공식적으로 학계에 보고된 것을 기준으로 나타내었으나, 실제 자연환경에서는 이보다 훨씬 크거나 작은 개체도 발견될 수 있습니다.
- 본문의 계절 표기는 일본 기준으로 되어있어 다소 국내 계절과 차이가 있을 수 있습니다.

Original Japanese title: MARUYAMA MUNETOSHI·JYUEKI TARO NO MARUHI KONCHU TECHOU

Copyright © Munetoshi Maruyama / Juekitaro 2019
Original Japanese edition published by Jitsugyo no Nihon Sha, Ltd.
Korean translation rights arranged with Jitsugyo no Nihon Sha, Ltd.
through The English Agency (Japan) Ltd. and Danny Hong Agency.
Korean translation rights © 2020 by Dongyangbooks

이 책의 한국어판 저작권은 대니홍 에이전시를 통한 저작권사와의 독점 계약으로 (주)동양북스에 있습니다. 저작권법에 의해 한국 내에서 보호를 받는 저작물이므로 무단전재와 복제를 금합니다.

사계절 곤충 탐구 수첩

글 마루야마 무네토시 | 그림 주에키 타로 | 번역 김향율 | 감수 에그박사

동양북스

온통
곤충
얘기뿐이네…

중요한
수첩
같은데…

이렇게 중요한 걸
흘리고
다니시다니…

······

······

좀
읽어봐도
괜찮겠지…?

목차

3월

- 018 겨울잠에서 깨어난 곤충들
- 020 다양한 무늬의 무당벌레
- 021 오늘의 방울벌레 / 길가의 꽃에 붙어 있던 벌레

4월

- 024 유채꽃에 배추흰나비가 앉아 있었다
- 025 나비에 대하여
- 026 봄에 피는 꽃과 곤충들
- 028 봄형과 여름형으로 구분되는 벌레들
- 029 공벌레랑 놀다

5월

- 032 왕사마귀가 부화하고 있었다!
- 033 민집게벌레가 부화하는 것을 보러 가다
- 034 방울벌레가 부화하기 시작했다 / 좀매부리가 울고 있었다
- 035 동그랗게 말려있는 잎사귀 발견!
- 036 개미집 관찰하기
- 037 개미에 대하여
- 038 쌍살벌의 벌집 발견
- 039 화단의 나비
- 040 연못물을 뜰채로 떠 보았다
- 041 오늘의 장수풍뎅이 / 오늘은 톱사슴벌레

6월

- 048 비 오는 날에 곤충을 찾아 헤메다
- 050 소똥구릿과 조사
- 051 방울벌레 애벌레가 자라기 시작했다 / 정원의 굴나무
- 052 반딧불이를 찾아 하천 풀밭으로~
- 053 반딧불이에 대하여
- 054 장수풍뎅이의 성장

7월

- 058 곤충 채집을 하러 출발!
- 060 라이트트랩 (등화채집)
- 062 잠자리의 우화를 보러 가다
- 064 방울벌레의 성충이 나와서 울기 시작했다
- 065 곤충들의 싸움

8월

- 068 물가에 사는 곤충 채집
- 070 내가 찾던 곳
- 071 모기한테 다섯 군데나 물렸다…
- 072 매미의 우화
- 073 매미에 대하여
- 074 주변에서 볼 수 있는 벌레들
- 076 집에서 바퀴벌레 발견

여름

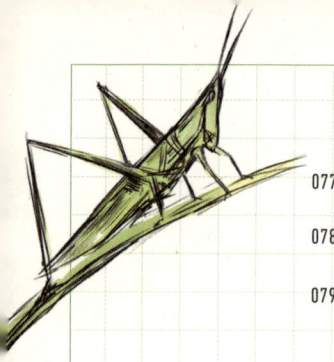

- 077 풀숲에서 메뚜기를 보았다
- 078 신종 발견!?
- 079 사육상자 속 장수풍뎅이와 톱사슴벌레 / 호랑나비의 알

9월

- 086 논에서 가을 잠자리를 채집하다
- 088 방울벌레가 산란을 시작했다
- 089 호랑나비의 알이 부화했다!
- 090 근처 공터에서 곤충 채집을 하다
- 092 호랑나비가 종령 애벌레가 되었다 / 전용 상태가 되었다
- 093 번데기가 되었다
- 094 위장술에 완전히 속았다!
- 096 벌레와 과일
- 097 소금쟁이 관찰하기

10월

- 100 꽃 주변에서 많은 벌레들을 발견했다
- 102 톱사슴벌레가 죽었다
- 103 죽은 톱사슴벌레로 표본을 만들 생각이다
- 104 육식 곤충과 초식 곤충
- 105 눈알 무늬가 있는 나방을 보았다

11월

- 108 벌레들의 겨울나기 준비를 관찰하다

가을

110 　도로를 건너는 왕사마귀
111 　때까치가 나뭇가지에 꽂아 둔 먹이

12월

118 　가는실잠자리를 보러 가다
119 　썩은 나무속에 홍가슴개미와 개미알이 있었다
120 　아이들과 표본 만들기

1월

124 　사마귀의 알 발견
126 　딱정벌레 찾기
127 　겨울철에 곤충 키우는 방법

2월

130 　감나무에 매달려 있는 노랑쐐기나방의 고치
131 　한겨울에 하늘소 찾기
132 　소나무에서 껍적침노린재 발견
133 　눈 속에도 곤충이 살고 있다

134 　관찰일지
142 　색인(찾아보기)
144 　끝마치며

겨울

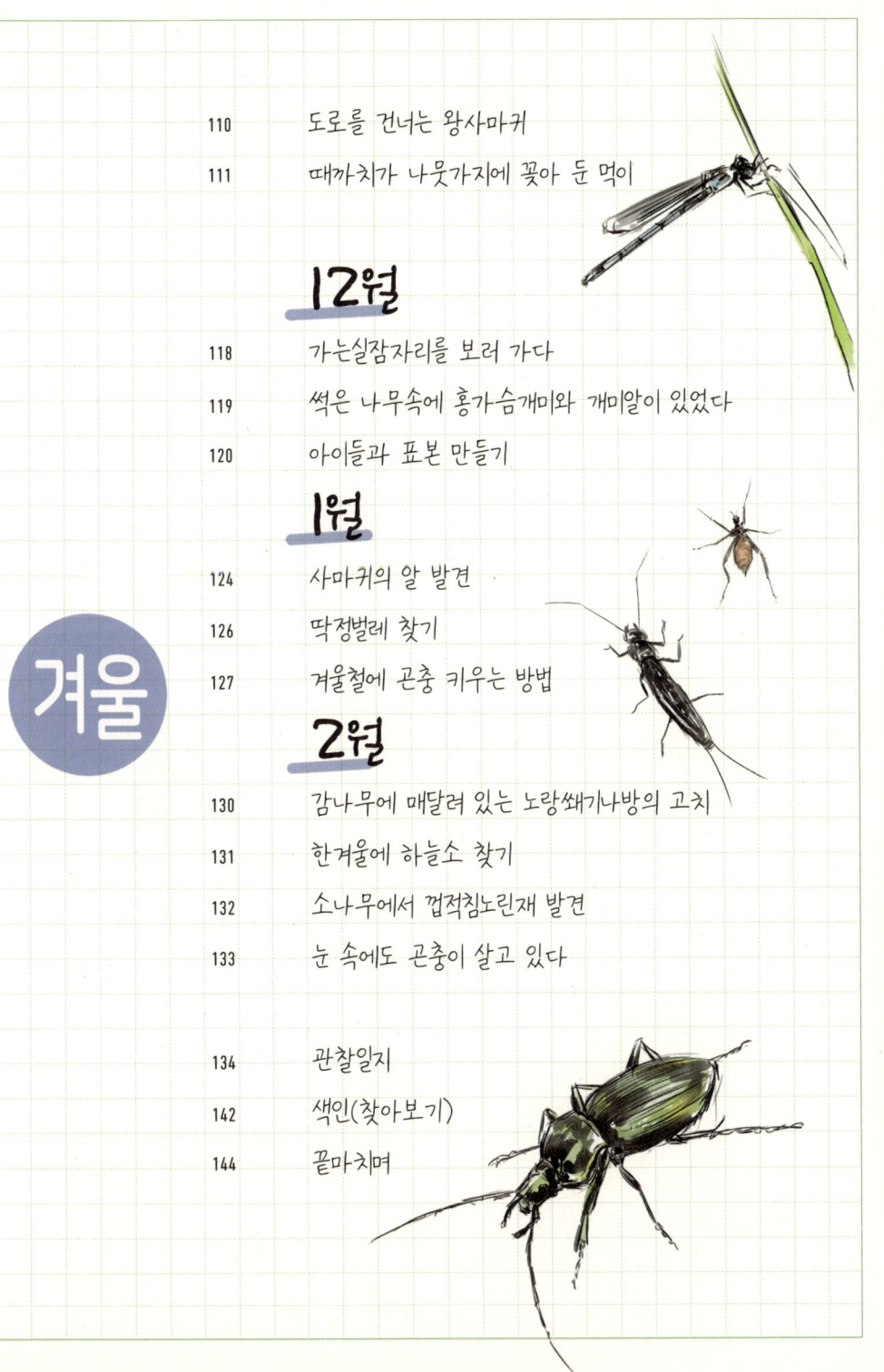

곤충학자의 수첩을 보는 법

【달력 표시】

● **해야 할 일**
그 달에 해야 할 일 등을 기록

● **메모**
매달 초에 적어 두는 간단한 메모

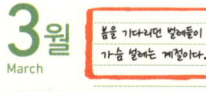

● **그날 발견한 곤충**
곤충학자가 매일 발견한 벌레를 기록

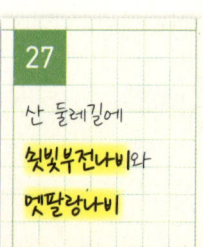

✓ 달력은 우리나라 각 지역에서 볼 수 있는 벌레와 그것이 나타난 시기에 맞추어 기록되었답니다. 강원도나 경기도 북부, 그리고 산간 지방에서는 1주일에서 1개월 정도 나타나는 시기가 다소 늦어질 수 있어요. 제주도처럼 따뜻한 지방에서는 더 빨라질 수도 있고요. 날짜는 어디까지나 '이때쯤이면 이 곤충을 볼 수 있겠구나' 하는 참고 정도로만 봐주세요.

【일지】

● 날짜, 날씨, 그날의 기온

● 관찰 기록

방울벌레, 장수풍뎅이, 톱사슴벌레를 사육하는 과정과 키울 때 중요한 점 등을 기록하고, 그날에 발견한 벌레들의 모습과 정보들을 기록

● 진우가 발견한 것들

진우가 (곤충학자의) 수첩을 보면서 벌레를 관찰할 때 함께 발견한 식물 등을 덧붙임

● 토막 상식

【일지】내용을 보충하거나 도움이 될 만한 간단한 정보 등을 기록

 【곤충의 크기를 나타내는 방법】

곤충의 크기를 재는 방법은 여러 가지예요.
곤충별로 어디서부터 어디까지의 크기를 나타내는지 주의해서 관찰해 보세요.

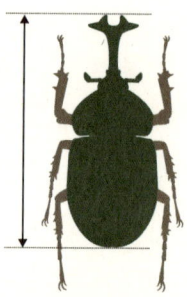
장수풍뎅이류

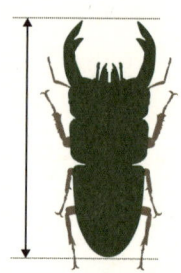
사슴벌레류

소똥구리류

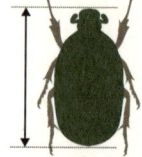

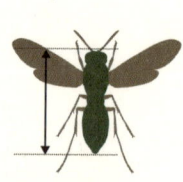
벌, 파리류

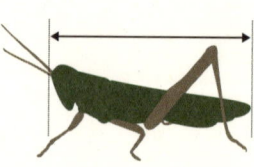
메뚜기류

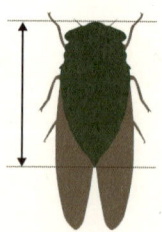
매미류

나비·나방류

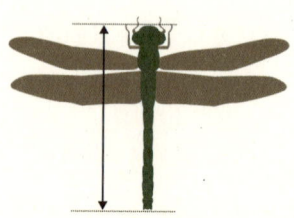
잠자리류

봄
【 Spring 】

3월

4월

5월

3월
March

봄을 기다리던 벌레들이 일제히 잠에서 깨어난다.
가슴 설레는 계절이다.

✔ **해야 할 일**
- 곤충도감에 쓸 사진 정리하기
- 여름에 열릴 곤충전시회 표본 리스트 작성하기

4	5	6
뽕나무 가지에 **뽕나무가시나방의 애벌레**	산속 고목나무에서 **비단사슴벌레처럼 생긴 곤충**	도랑에 **도꾸나가조각깔따구의 애벌레**
11	**12**	**13**
뒷흰얼룩물결자나방이 날다	**네발나비**가 겨울잠에서 깨어나다	참소리쟁이에 **붉은숫돌나비의 애벌레**
18	**19**	**20**
방울벌레 알이 있는 사육상자에 물 뿌리기	삼나무 껍질 밑에 **향나무하늘소**	밭을 갈자 **검거세미밤나방의 애벌레**가~
25	**26**	**27**
제비꽃에 **꼬마좀비단벌레**	저녁 무렵 꽃에 **멋쟁이얼룩나방**	산 둘레길에 **쇳빛부전나비**와 **멧팔랑나비**

	1	2	3
	건물 지하에 **지하집모기** 출현	**꼬마여치베짱이**를 풀잎 사이에서 발견	나무줄기에 **떡갈나무밤나방**이 붙어있다

7	8	9	10
남방차주머니나방의 주머니 발견	식당에서 **독일바퀴의 애벌레** 목격	가로등에 **뒷흰가지나방**	**주름개미**의 개미집에 **개미집귀뚜라미**가~

14	15	16	17
좀뒤영벌이 화단 꽃에 앉아 있다	공원 한쪽 벽에 **무당벌레**	가로등에 **몸큰가지나방**	**남방남색부전나비**의 일광욕

21	22	23	24
쑥잎벌레가 돌아다니다	힘차게 날아오르는 **청띠신선나비**	**각시메뚜기**가 수풀에서 펄쩍 뛰어오르다	**붉은배털파리**가 날아다니다

28	29	30	31
민들레꽃에 **알통다리하늘소붙이**	가로등에 **노랑무늬물결자나방**	시냇물 돌 아래에 **강도래**랑 **하루살이의 애벌레**	단풍나무꽃에 **먹무늬방아벌레**

3 월 12 일
☀ 14 ℃

겨울잠에서 깨어난 곤충들

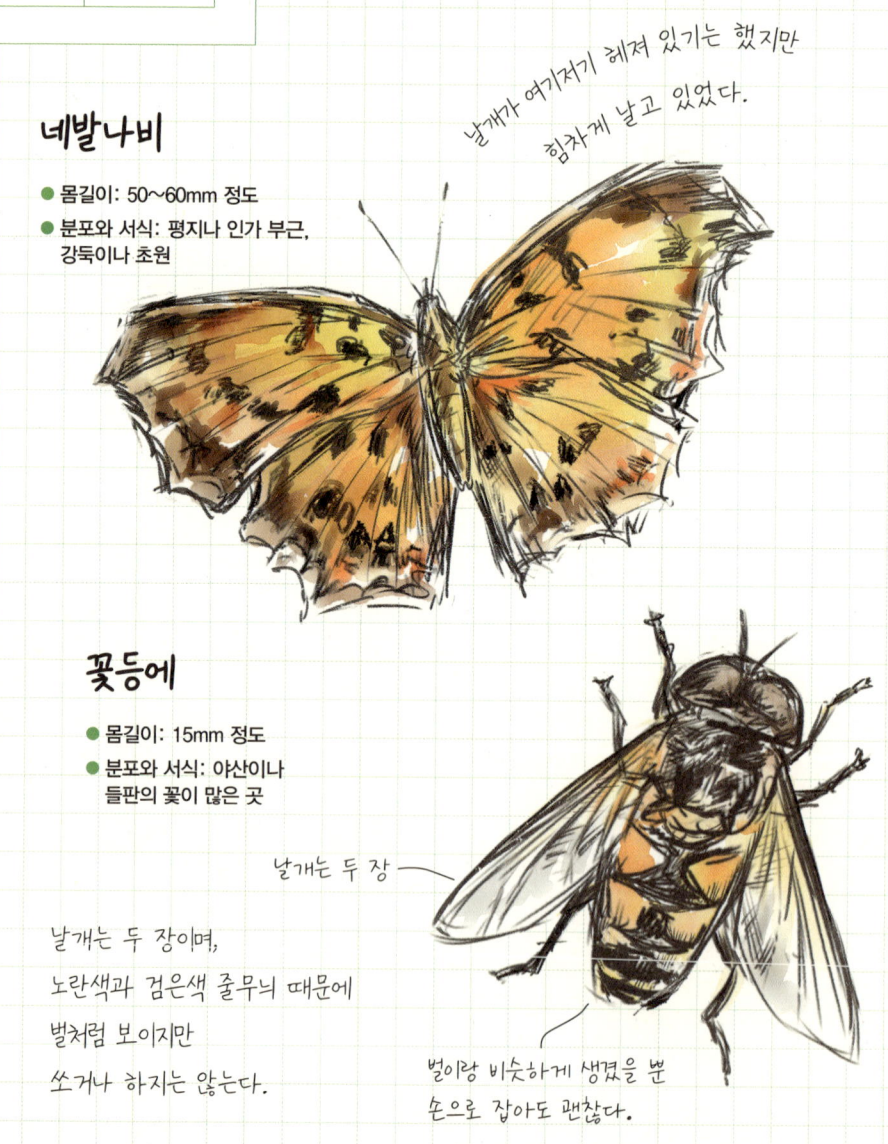

네발나비
- 몸길이: 50~60mm 정도
- 분포와 서식: 평지나 인가 부근, 강둑이나 초원

날개가 여기저기 헤져 있기는 했지만 힘차게 날고 있었다.

꽃등에
- 몸길이: 15mm 정도
- 분포와 서식: 야산이나 들판의 꽃이 많은 곳

날개는 두 장이며, 노란색과 검은색 줄무늬 때문에 벌처럼 보이지만 쏘거나 하지는 않는다.

날개는 두 장

벌이랑 비슷하게 생겼을 뿐 손으로 잡아도 괜찮다.

곤충이 겨울잠을 자는 모습은 저마다 달라요. 이른 봄에 볼 수 있는 곤충들은 가을에 성충[1]이 되는데, 대부분 성충의 모습 그대로 겨울잠을 잔답니다. 네발나빗과 곤충들은 따뜻한 봄을 기다리면서 한겨울의 추위와 세찬 바람을 온몸으로 견뎌 내기 때문에 날개가 헐어서 헤져 있는 경우도 있어요. 벌레들의 이런 고난의 시간과 마음을 헤아리면서 관찰하다 보면 사랑스러운 느낌이 절로 들 거예요.

---
[1] 다 자라서 생식 능력이 있는 벌레. 다른 말로 '어른벌레'라고도 한다.

남방남색부전나비

- 몸길이: 30~40mm 정도
- 분포와 서식: 한반도에서는 제주도 일부 지역에서만 서식하는 희귀종, 습지

공원의 종가시나무 주변에서 팔랑팔랑 날고 있었다.
날개를 펼치면 진한 청색이 더욱 화려해 보인다.

뒤영벌류

- 몸길이: 20~25mm 정도
- 분포와 서식: 한반도 전역, 최근 농가에서 산업용으로 키움

작은 봉제 인형처럼 귀엽다.
여왕벌이 벌집 지을 곳을 찾아서
날고 있었다.

뒤영벌류는 땅에서 겨울을 나고, 이른 봄이 되면 비로소 여왕벌이 나타난답니다. 여왕벌은 쥐들이 사용하다 버린 쥐구멍 같은 곳에 들어가서 집을 지어요. 한여름이 되기 전에 많은 일벌이 태어나는데, 일벌들은 평생 무리를 위해서 일을 하지요. 벌은 더운 걸 싫어해서 한여름이 되면 활동을 멈추는데 이것을 '여름잠'이라고 해요. 그리고 가을이 되면 다시 활동을 시작한답니다.

| 3 월 15일 |
| ☀ | 12 ℃ |

다양한 무늬의 무당벌레

공원 한쪽 벽에 무당벌레가 붙어 있었다.
벽의 갈라진 틈 사이에서
겨울잠을 잤나 보다.
무당벌레는 무늬가 가지각색이라
관찰하는 재미가 있다.
낙엽 아랫면이나 나무껍질 사이에서
단체로 겨울잠을 자다가
이제 막 깨어난
칠성무당벌레도 몇 마리 보였다.

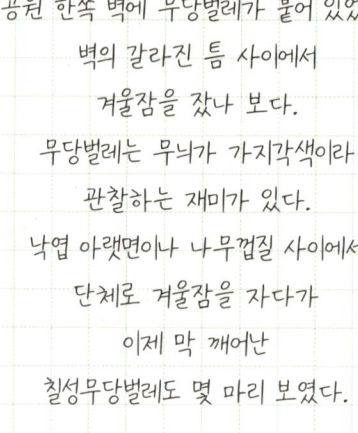

칠성무당벌레
- 몸길이: 5~8mm 정도
- 분포와 서식: 야산의 잡초 지역 또는 진딧물이 많은 곳

큰황색가슴무당벌레
- 몸길이: 5~7mm 정도
- 분포와 서식: 야산의 잡초 지역 또는 진딧물이 많은 곳

큰황색가슴무당벌레나 칠성무당벌레 역시 성충인 상태로 겨울을 나기 때문에 이른 봄부터 볼 수 있답니다. 성충은 먹이인 진딧물을 찾아서 여기저기 날아다녀요. 그러다 진딧물이 모여 있는 곳을 발견하면 그 옆에 알을 낳죠. 애벌레는 다리는 길고 몸에는 털이 없는 조금 징그러운 모습을 하고 있어요. 4월 무렵부터 볼 수 있으니 잘 찾아보세요.

| 3 월 18 일 |
| ☁ | 18 ℃ |

오늘의 방울벌레

작년 12월부터
건조한 상태로 놔두었던
사육상자에 분무기로
물을 뿌려 주었다.
방울벌레 알들이 살아 있었으면 좋겠다.

| 3 월 28 일 |
| ☂ | 13 ℃ |

길가의 꽃에 붙어 있던 벌레

알통다리하늘소붙이
- 몸길이: 6~10mm 정도
- 분포와 서식: 낮은 산지, 풀밭

애알락수시렁이
- 몸길이: 3mm 정도
- 분포와 서식: 온난한 지역

민들레꽃에 알통다리하늘소붙이가 있었다.
작지만 반짝거리며 예쁘게 빛났다. 나무쑥갓 위에 앉아 있던
녀석은 애알락수시렁이. 하얀 얼룩무늬가 귀여웠다.
이렇게 조그마한 녀석들이 모두 장수풍뎅이처럼
껍질이 딱딱한 딱정벌렛과라니 새삼 신기하다.

4월
April

벌레들이 많아지기 시작하는 계절이다.
하루하루가 기대된다.

✓ 해야 할 일
- 책 집필이 중요한 시기!! 매일 작업하기
- 학생들 논문 꼼꼼하게 체크하기
- 여름채소 심기

4	5	6
유채꽃에 **배추흰나비**가 앉아 있다	흙 범벅이 된 **진거저리**	**거세미나방**의 애벌레가 채소 모종을 먹고 있다

11	12	13
진딧물 속에 **호리꽃등에**의 애벌레	**왕꽃등에**가 날다	**남방남색부전나비**가 산란

18	19	20
숲에 **산제비나비**	호텔에서 **빈대**에게 물리다	**일본애수염줄벌**이 꽃에 와 앉았다

25	26	27
침노린재가 벚나무에서 우화	블루베리꽃에 **어리뒤영벌**	마른 가지에 **침노린재유**

	1 싸리나무에 **동글목남가뢰**	2 정원에 **둥글먼지벌레가** 기어 다니다	3 가는살갈퀴에 **긴꼬리볼록진딧물**
7 **일본왕개미**가 움직이기 시작하다	8 담장에 **차잎말이나방**	9 화살나무과 식물에 **노랑털알락나방의 애벌레**	10 오솔길에 **빌오오도재너등에**가 정지 비행 중
14 운동장에 **갈구리나비**와 **노랑나비**	15 방충망에 날아와 앉은 **긴꼬리산누에나방**	16 연못가에 갓 우화한 **중간밀잠자리**의 신생충	17 갓과 유채꽃에 **비단노린재**
21 정원에 심겨진 파슬리 주변에 **산호랑나비**	22 졸참나무 새싹 가까이 **외뿔매미**	23 하천 둔치 초원에 **은줄팔랑나비**	24 **배추흰나비의 애벌레**에 **배추나비고치벌**이 산란
28 **양봉꿀벌**을 분봉할 때 큰 소동이 벌어지다	29 솔밭에서 **풀매미** 소리를 듣다	30 **공벌레**랑 놀기	

| 4 월 4 일 |
| ☀ | 18 ℃ |

유채꽃에 배추흰나비가 앉아 있었다

배추흰나비

- 몸길이: 45~65mm 정도
- 분포와 서식: 산지 및 농경지 주변의 초지

날개에 줄무늬가 별로 보이지 않는다.

배추흰나비가 날고 있었다. 이제 완연한 봄날씨다.

옆집에서 심어 놓은 양배추 주위를 날고 있던 배추흰나비의 새끼인 것 같다.

어디에서 번데기가 되었을까?

아직 양배추 모종을 심고 있으니 거기에 알을 낳아 주면 좋을 텐데.

배추흰나비는 어디에서나 볼 수 있는 나비로 유채꽃과 식물을 먹어요. 특히 양배추를 좋아하는데, 오랜 옛날 한반도에는 양배추 같은 식물이 없었어요. 다시 말해 우리나라에는 원래 배추흰나비가 없었다고 할 수 있지요. 본래부터 양배추가 자라던 지역에 살던 사람들이 한반도로 이주해 오는 과정에서 양배추를 재배하며 이동했고, 배추흰나비도 그 경로를 따라 함께 한반도로 들어왔을 것으로 추측한답니다.

나비에 대하여

배추흰나비는 배추나 양배추 같은
애벌레의 먹이가 되는 식물의 잎과 줄기에 알을 낳는데,
애벌레가 완전히 다 자라는 데까지는 약 한 달 정도가 걸려요.
애벌레는 집의 외벽처럼 비를 맞지 않는 곳으로 이동해서
번데기가 되고, 그 후 대략 1주일이 지나면 나비가 된답니다.
만약 가을에 번데기가 되면 그 상태로 겨울잠을 자요.
종류에 따라서 알이나 애벌레,
성충 상태로 겨울을 나기도 한답니다.

배추흰나비의 애벌레는 초록색을 띠며 짧고 부드러운 털로 뒤덮여 있어요. 혹시 길러보고 싶다면 집 안에서 키우는 것을 권장해요. 집 밖에서 기르다가는 배추나무고치벌이라고 불리는 작은 벌이 애벌레의 몸속에 알을 낳아 기생하거나, 쌍살벌 따위에게 애벌레가 잡아먹히고 말 테니까요. 물론 그런 자연 그대로의 모습을 관찰하는 것도 중요해요.

| 4 월 15 일 |
| ☀ | 17 ℃ |

봄에 피는 꽃과 곤충들

집 근처를 날고 있었다. 정원에 있는 귤나무에서 애벌레를 발견할 수 있을 것만 같아 가슴이 두근거린다.

호랑나비
- 몸길이: 65~105mm 정도
- 분포와 서식: 한반도 전역

큰줄흰나비
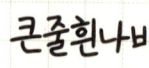
- 몸길이: 50~60mm 정도
- 분포와 서식: 한반도 전역의 낮은 산지

생김새가 배추흰나비와 아주 비슷해서 구별하기 어렵지만 날개에 힘줄처럼 보이는 검은 줄무늬가 선명하게 있는 것이 큰줄흰나비이다.

큰줄흰나비는 번데기 상태로 겨울을 나며 배추흰나비보다는 조금 늦게 나온답니다. 예전에는 큰줄흰나비라고 불렀던 것들도 지금은 줄흰나비와 큰줄흰나비로 구분하여 부르고 있어요. 이 두 종류는 계절에 따라서 색이 변하기도 해서 구별하기가 몹시 어려워요. 혹시 발견하게 되면 잘 관찰해 보세요.

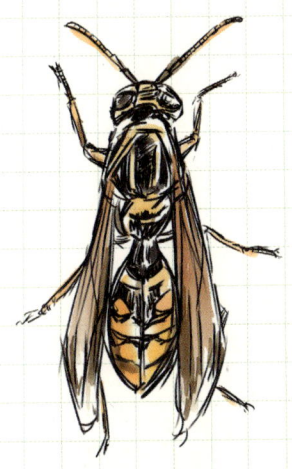

등검정쌍살벌

- 몸길이: 18~22mm 정도
- 분포와 서식: 한반도 전역

꿀벌보다 몸집이 크고 몸통도 긴 말벌과의 등검정쌍살벌이 '부웅~부웅~' 날개 소리를 내면서 큰 여왕벌이 벌집 지을 곳을 찾고 있었다.

긴꼬리산누에나방

- 몸길이: 80~120mm 정도
- 분포와 서식: 지리산 이북 지역, 낙엽 활엽수림 중 오리나무가 자생하는 지역

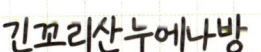

저녁에 덩치가 커다란 긴꼬리산누에나방이 방충망 위에 앉았다.
올해는 조금 일찍 나온 것 같은데 역시 언제 봐도 멋지다.

방아깨비 애벌레(약충[2])

- 몸길이: 40~80mm 정도(성충)
- 분포와 서식: 산지나 들판 및 볏과식물이 자생하는 지역

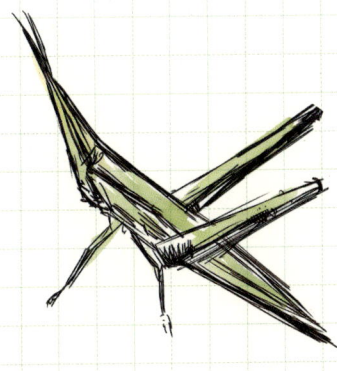

수풀을 걷다가 방아깨비 애벌레를 발견했다. 크기만 작을 뿐 길쭉한 모양이 성충이랑 똑같다.

봄철 벌레가 출현하는 시기는 매년 차이가 커요. 초봄 아주 이른 시기부터 호랑나비가 날아다니면 그해에는 계절이 빨리 바뀐다는 걸 알 수 있어요. 3, 4월의 날씨와 기온의 영향을 받기 때문인데요. 그 무렵 계절에 맞지 않는 추운 날씨가 계속되면 벌레들이 나타나는 시기도 전체적으로 늦어지게 된답니다. 반대로 여름처럼 더운 날씨가 빨리 찾아오면 봄철 벌레들이 한꺼번에 나오기도 하지요.

---

[2] 불완전 탈바꿈을 하는 곤충의 애벌레(약충)로, 보통은 '애벌레'라고 부르지만 완전 탈바꿈을 하는 곤충의 애벌레(유충)와 구별이 필요할 때 쓰이는 말이다.

4월 21일 ☀ 17℃

봄형과 여름형으로 구분되는 벌레들

산호랑나비

- 몸길이: 70~90mm 정도
- 분포와 서식: 산지 및 산림 주변

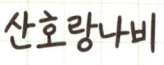

산호랑나비가 옆집 정원에 심겨 있는
파슬리 주변을 날고 있었다.
봄형이라서 크기가 아주 작았다.
여름형 나비는 봄형보다 크기가 더 큰데
신기하다. 먹이 때문인 걸까? 궁금하다.
우리 집에도 파슬리를 심어 놓으면
산호랑나비가 날아오려나?

여러분 집에 정원이 있거나 또는 베란다가 있는 낮은 층의 빌라나 아파트에 산다면 나비를 불러 모을 수 있어요. 가장 쉽게 볼 수 있는 것이 산호랑나비인데, 베란다에 미나리나 파슬리 같은 채소를 심어 놓으면 어느샌가 날아든 나비들이 알을 낳고, 부화가 된 애벌레들이 채소 잎사귀에 붙어 있는 걸 보게 될 거예요. 미리 가을 무렵 모종을 심어 두면 봄에는 채소가 꽤 자라기 때문에 관찰하기에 좋답니다.

| 4 월 30 일 |
| 21 ℃ |

공벌레랑 놀다

공벌레

- 몸길이: 10~14mm 정도
- 분포와 서식: 나무껍질이나 낙엽, 돌 밑과 같은 습한 곳

공원의 보도블록 아래에 공벌레가 여러 마리 있었다.
어렸을 때는 공벌레를 잡아서 주머니에 넣고 다니곤 했었는데…
자세히 들여다보니 얼굴이 꽤 귀엽게 생겼다.
공원에 굴러다니는 낙엽들에 여기저기 파먹힌 자국이 남아 있는 걸 보니
공벌레가 갉아먹은 흔적 같다.

우리나라에는 공벌레, 큰이마공벌레, 고려공벌레 등이 있어요. 단 여러분들이 공원이나 정원에서 자주 보는 공벌레는 아주 먼 옛날 우리나라로 건너온 외래종이 대부분이에요. 아마도 배에 실려 짐들과 함께 들어왔겠지요. 원래부터 우리나라에 있던 공벌레는 대부분 산속의 습기 찬 곳에서나 볼 수 있답니다. 산에 가면 꼭 한번 찾아보세요.

5월
May

따뜻한 날씨가 계속되고 있다.
늦봄의 벌레들이 나오는 계절이 시작된다.

✓ 해야 할 일
- 책 원고 체크하기
- 여름에 있을 곤충전시회 표본 리스트 작성
- 아프리카 사막에 가서 벌레 조사하기

4	5	6
밭에 있는 무에 **무잎벌의 검은 애벌레** 발견	논두렁에 **폭탄먼지벌레**	**왕사마귀의** 애벌레가 진딧물을 잡아먹고 있다

11	12	13
매화나무 가지에 **복숭아거위벌레**	숲속의 쥐 사체에 **넉점박이송장벌레**	가로등에 **뒷노랑얼룩나방**

18	19	20
좀매부리의 울음소리가 들리다	층층나무에 **광대노린재**	숲에서 **검정날개거위벌레**를 발견

25	26	27
현관 옆에 **쌍살벌의 벌집** 발견	화단에 **남방부전나비**가 날고 있다	정원 나무에 **애횐무늬독나방의 애벌레**

	1	2	3
	왕사마귀의 알이 부화하고 있었다	칡 줄기에 **무당알노린재**	**어리호박벌**이 날아다니다

7	8	9	10
민집게벌레가 부화하는 것을 보러 가다	배나무에 **주황긴다리풍뎅이붙이**	진달래 주위를 **극동등에잎벌**이 날아다니다	산속 자동판매기에 **수염치레각날도래**

14	15	16	17
동백나무에 **차독나방의 애벌레**	저녁 무렵 공원에 **딱정벌레**와 **콘넓적송장벌레**	기르고 있는 **방울벌레의 알**이 부화하다	공원 연못 위를 **노란허리잠자리**가 날아다니다

21	22	23	24
층층나무에 **황다리독나방의 애벌레**가 대량으로 발생	이리저리 바쁜 **곰개미**와 **주름개미**	**검거세미밤나방의** 애벌레가 밭의 오종을 점령하다	고인 물웅덩이에 **꽃등에의 애벌레**

28	29	30	31
오밀잣밤나무에서 짝짓기를 하는 **짚신갈지벌레**	연못 속에서 **잠자리의 애벌레**랑 **게아재비** 채집	기르고 있는 **장수풍뎅이의** 애벌레 관찰	사육상자 속 **톱사슴벌레의** 애벌레 관찰

5월 1일
☁ 19도

왕사마귀가 부화하고 있었다!

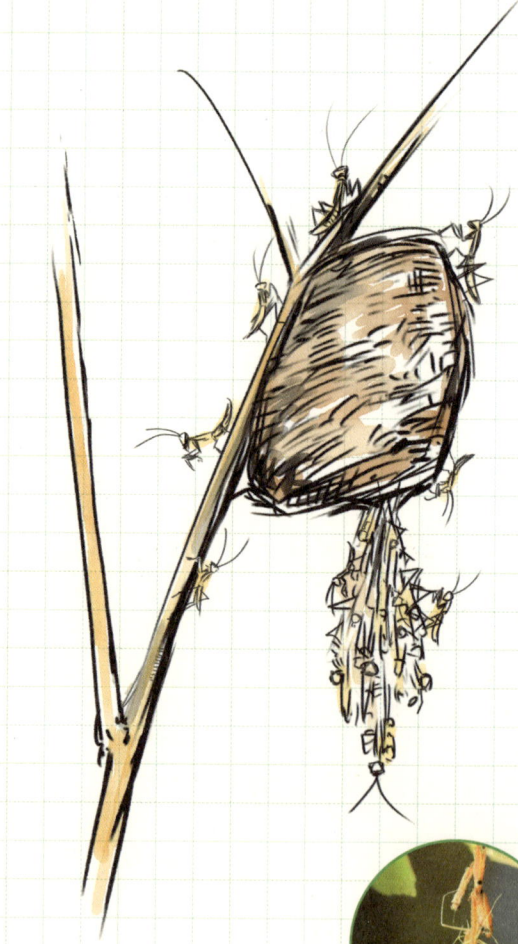

왕사마귀 애벌레(약충)

- 몸길이: 70~95mm 정도(성충)
- 분포와 서식: 강가나 양지바른 초지 및 산의 초입

창문 근처에 놔두었던
왕사마귀의 알이
부화하기 시작했다.
하마터면 온 집안을 왕사마귀에게
점령당할 뻔했다.
미리 발견하길 천만다행이다.
몇 마리만 기르고
나머지는 숲에 풀어 줘야겠다.

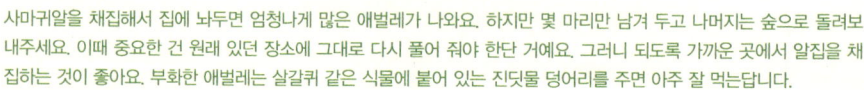

사마귀알을 채집해서 집에 놔두면 엄청나게 많은 애벌레가 나와요. 하지만 몇 마리만 남겨 두고 나머지는 숲으로 돌려보내주세요. 이때 중요한 건 원래 있던 장소에 그대로 다시 풀어 줘야 한단 거예요. 그러니 되도록 가까운 곳에서 알집을 채집하는 것이 좋아요. 부화한 애벌레는 살갈퀴 같은 식물에 붙어 있는 진딧물 덩어리를 주면 아주 잘 먹는답니다.

5월 7일	
☁	20℃

민집게벌레가 부화하는 것을 보러 가다

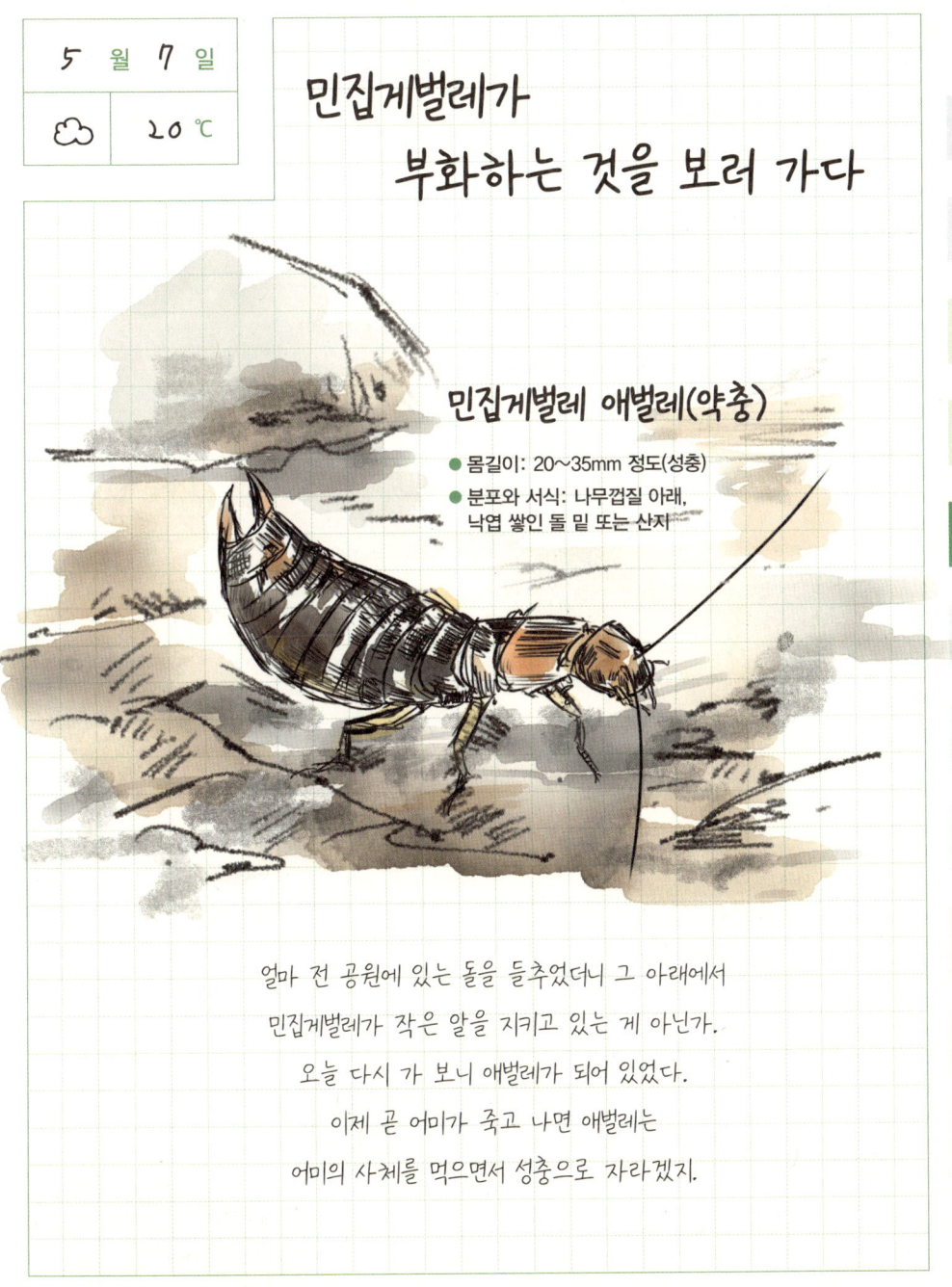

민집게벌레 애벌레(약충)

- 몸길이: 20~35mm 정도(성충)
- 분포와 서식: 나무껍질 아래, 낙엽 쌓인 돌 밑 또는 산지

얼마 전 공원에 있는 돌을 들추었더니 그 아래에서
민집게벌레가 작은 알을 지키고 있는 게 아닌가.
오늘 다시 가 보니 애벌레가 되어 있었다.
이제 곧 어미가 죽고 나면 애벌레는
어미의 사체를 먹으면서 성충으로 자라겠지.

민집게벌레처럼 새끼를 돌보는 곤충도 꽤 있어요. 사슴벌레붙이나 갑옷바퀴 등도 새끼를 돌보는 것으로 유명한데, 이런 곤충을 '아사회성(subsociality) 곤충'이라고 해요. 개미나 벌, 흰개미도 애벌레를 돌보지만 이것들은 같은 집단 안에서도 여왕개미나 일개미처럼 계급과 생김새가 달라서 '진사회성(eusociality) 곤충'이라고 부른답니다.

5월 16일	
☂	17℃

방울벌레가 부화하기 시작했다

오랜만에 사육상자를 들여다 보았더니 방울벌레의 알이 부화하고 있었다. 가늘고 긴 더듬이를 가진 애벌레가 엄청 많았다. 방울벌레 애벌레가 잘 먹는 가지랑 금붕어 사료를 넣어줘야겠다.

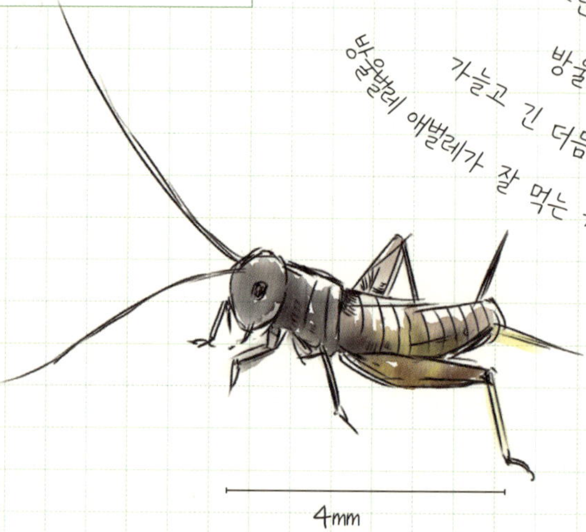

4mm

5월 18일	
☀	23℃

좀매부리가 울고 있었다

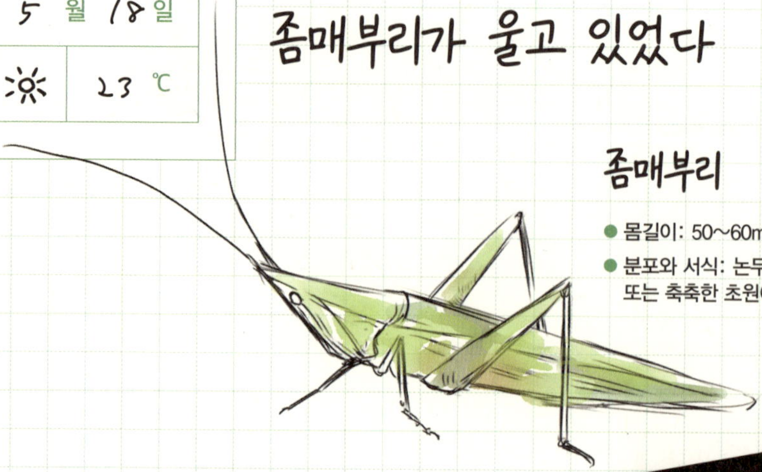

좀매부리
- 몸길이: 50~60mm 정도
- 분포와 서식: 논두렁이나 밭두렁 또는 축축한 초원이나 하천 둑

오늘 밤은 바람이 따뜻하다.
창문을 열었더니 좀매부리의 울음소리가
'치치치치'하며 들려왔다. 성충 상태로 추운 겨울을
이겨내서인지 울음소리가 무척이나 기운차다.

5 월 20 일	
☁	22℃

동그랗게 말려 있는 잎사귀 발견!

검정날개거위벌레

- 몸길이: 4.5~5.5mm 정도
- 분포와 서식: 한반도 전역

근처 숲에 갔더니 졸참나무에 거위벌레집이 있었다.
그 주변으로 까맣고 작은 검정날개거위벌레가 잔뜩 있었다.
암컷이 솜씨 좋게 잎사귀를 둘둘 말고 있었다.
이 속에 알을 낳으면 애벌레는 그 잎사귀를 먹고 자란다.

거위벌렛과의 곤충은 모두 암컷이 잎사귀를 말아서 애벌레를 키울 요람을 만들어요. 그런데 애벌레는 단순히 잎사귀를 먹는 게 아니랍니다. 암컷이 산란할 때 균을 잎사귀에 심어 놓으면 이 균으로 인해 영양이 풍부해진 잎사귀를 먹는 것이지요. 콩보다는 메주의 영양이 더 풍부한 것과 같은 원리랍니다. 이렇게 암컷이 산란할 때 식물에 균을 심는 갑충류는 거위벌레 이외에도 또 있는데 일종의 공생 관계라고 할 수 있어요.

5월 22일	
☀	23 ℃

개미집 관찰하기

곰개미

- 몸길이: 4~6mm 정도(일개미)
- 분포와 서식: 평지와 산지 및 인가 주변 등

곰개미들도 움직임이 활발해지기 시작했다. 개미집 속의 흙을 물고 나와서 돌 옆으로 옮기고 있었다. 불어난 식구들이 함께 살 수 있도록 집을 넓히고 있는 듯하다.
돌을 들추어 봤더니 개미들이 깜짝 놀라 애벌레를 옮기기 시작했다.
애벌레가 잘 자랄 수 있도록 따뜻한 돌 아래에서 키우고 있었나 보다.

개미는 서식 환경에 민감해서 조금만 주변 환경이 달라도 전혀 다른 종의 개미를 발견할 수 있답니다. 예를 들어 곰개미는 공원이나 수풀의 양지바른 곳에 집을 지어요. 일본왕개미나 주름개미도 이와 비슷한 곳에 집을 만들지요. 그리고 같은 공원이라도 그늘진 나무뿌리나 나무 위쪽의 마른 부분, 잎이 떨어져 쌓인 곳 등 장소에 따라서 다른 종의 개미가 살고 있으니, 장소를 바꿔 가며 개미를 관찰해 보세요.

개미에 대하여

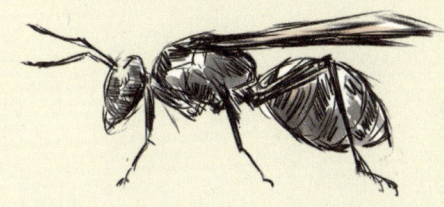

개미는 한 마리의 여왕개미를 중심으로 하나의 가족으로 모여 살아요.
이들은 나면서부터 엄격하게 계급과 역할이 정해져 있어요.
오로지 생식만을 담당하는 날개가 있는 수개미와 공주개미,
그리고 이들을 평생 먹이고 보살피는 일개미로 구분되지요.
늦봄~초여름이 되면 날개가 있는 수개미와 공주개미는 일제히
집 밖으로 나와 하늘로 날아올라 공중에서 짝짓기를 하고,
임무를 다한 수개미는 모두 떨어져 죽어요. 짝짓기를 끝내고
다시 땅에 내려온 공주개미는 여왕개미가 되어 자신의 날개를
스스로 끊어내고 새로운 보금자리를 찾아 떠난답니다.

개미는 가족 단위로 생활을 해요. 그런데 어떻게 한 가족이라는 것을 알 수 있을까요? 그 해답은 '체표 탄화수소[3]'라고 하는 물질에 있는데, 쉽게 말하면 냄새로 구별한다는 뜻이에요. 집마다 냄새가 서로 다르기 때문에 같은 종의 개미라도 집이 다른 개미를 한데 섞어 놓으면 싸움이 벌어지고 말죠. 한편 개미는 소리를 내거나 페로몬이라는 물질을 분비해서 가족끼리 대화를 나눈답니다.

3) 몸의 표면에 존재하는 탄화수소 화학 분비물을 말한다. 종이 다르면 체표 탄화수소가 다르다.

5월 25일	
☀	21월

쌍살벌의 벌집 발견

등검정쌍살벌

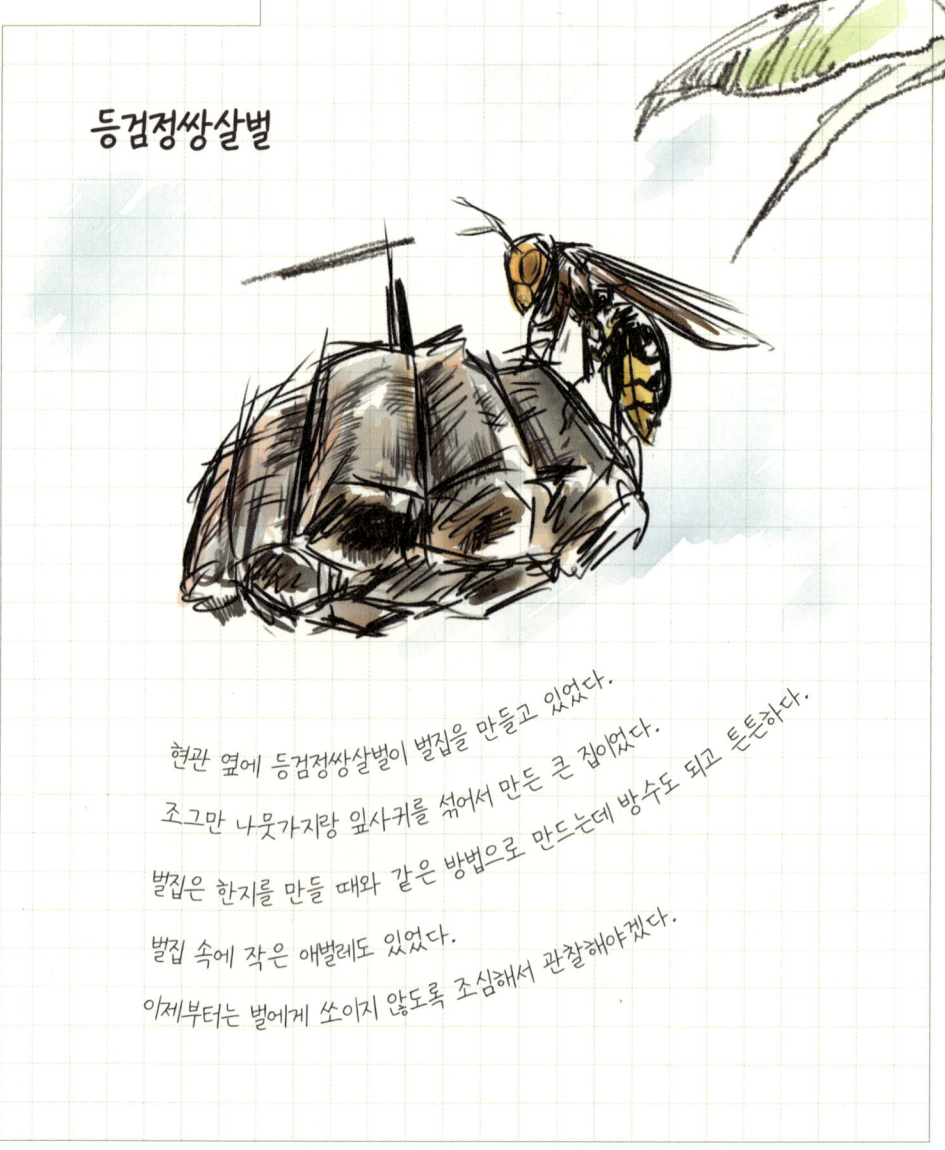

현관 옆에 등검정쌍살벌이 벌집을 만들고 있었다.
조그만 나뭇가지랑 잎사귀를 섞어서 만든 큰 집이었다.
벌집은 한지를 만들 때와 같은 방법으로 만드는데 방수도 되고 튼튼하다.
벌집 속에 작은 애벌레도 있었다.
이제부터는 벌에게 쏘이지 않도록 조심해서 관찰해야겠다.

쌍살벌은 이름에서도 알 수 있듯이 벌의 한 종류이지요. 가끔 정원에 집을 짓기도 하는데 벌집에 아주 가까이 가거나 벌집을 직접 해치지 않는 이상 공격하는 일은 거의 없어요. 사람들이 자주 지나다니는 곳이나 아이들이 있어서 위험하다고 생각되면 떼어 내 버려도 상관없지만, 그게 아니라면 그냥 놔두는 건 어떨까요? 멀리서 관찰하다 보면 재미있는 일들이 많이 생길 거예요.

| 5월 26일 |
| ☀ 19℃ |

화단의 나비

남방부전나비

- 날개편길이: 20~30mm 정도
- 분포와 서식: 한반도 중남부 지방, 산림, 농경지, 수변, 도시공원 등의 초지대

화단 주위를
남방부전나비 여러 마리가 날고 있었다.
자세히 보니 작고 예뻤다.
너무 예쁜 나머지 자세히 보고 싶어서
손으로 잡았다가 하얀 가루가 묻어나면서
나비 날개에 있는 무늬가 지워져 버렸다.
괜스레 미안했다. 남방부전나비의 애벌레는
괭이밥이라는 식물을 먹는다고 하니
나중에 괭이밥을 보게 되면
애벌레가 있는지 살펴봐야겠다.

나비의 날개에 있는 무늬는 '인편[4]'이라고 하는 아주 고운 비늘 모양의 가루를 말해요. 이 인편은 사실 털에서 변화한 것인데, 가루가 단순히 날개에 묻어 있는 것처럼 보이지만 현미경으로 자세히 들여다보면 모공 같은 곳에서 주걱처럼 생긴 것이 길게 나와 있는 것을 발견할 수 있어요. 나비가 반짝거리는 것처럼 보이는 이유가 이 인편이 특정한 색(빛)만을 반사하기 때문이지요. 이것을 구조색[5]이라고 한답니다.

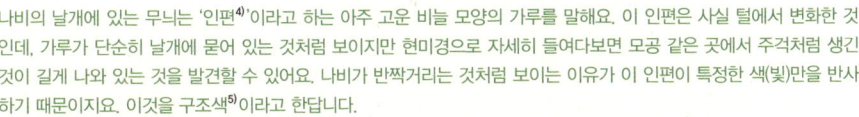

4) 나비, 나방 따위의 날개에 있는 비늘 모양의 분비물. 비늘 가루라는 뜻으로 '인분'이라고도 한다.
5) 색소가 아닌 물질의 구조에 의해 반사와 간섭을 거치면서 만들어지는 색. 외부에서 들어오는 빛과 보는 각도에 따라 색이 달리보인다.

5월 29일 ☁ 24℃

연못물을 뜰채로 떠 보았다

근처 연못에 뭔가가 있을 것 같아서 연못 바닥을 뜰채로 떠보았다. 바닥에 쌓인 진흙 속에서 작은 밀잠자리와 왕잠자리의 애벌레가 여러 마리 나왔다. 게아재비랑 작은 애기물방개도 나왔다. 이 연못에는 다행히 외래종인 미국가재가 없어서 벌레도 아주 많이 있는 것 같다.

밀잠자리 애벌레 (약충)

- 몸길이: 20~25mm 정도
- 분포와 서식: 산야의 경작지 주변이나 인가 및 둔치, 도시 근교

왕잠자리 애벌레 (약충)

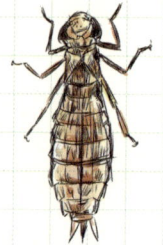

- 몸길이: 45~50mm 정도
- 분포와 서식: 연못이나 하천 주변

게아재비

- 몸길이: 40~45mm
- 분포와 서식: 정수식물이 많은 물웅덩이나 논, 늪, 하천

애기물방개

- 몸길이: 11~12mm 정도
- 분포와 서식: 저수지나 연못, 물웅덩이, 논 등

물속에는 다양한 벌레가 있는데 이들 대부분은 수면에서 공기저장소에 산소를 넣은 후 이것으로 호흡을 해요. 공기를 저장하는 방법은 벌레마다 다르답니다. 게아재비는 복부 끝에 있는 호흡관을 수면 위로 내밀어 숨을 쉬며 호흡관에 공기를 저장하고, 물방개는 복부의 끝부분을 수면 위로 내밀어 날개와 복부 사이에 공기를 저장하지요. 종류에 따라서 공기를 저장하는 방법이 어떻게 다른지 관찰해 보세요.

| 5 월 30 일 |
| ☀ | 24 ℃ |

오늘의 장수풍뎅이

가칠가칠한 감촉

장수풍뎅이 애벌레

작년에 태어난 장수풍뎅이의 애벌레를 흙에서 파내 보았다. 많이 자라서 동그랗게 말려 있는 모양이 귀엽다. 배설물이 너무 많아서 흙을 갈아 줘야 할 것 같다.

| 5 월 31 일 |
| ☀ | 23 ℃ |

오늘은 톱사슴벌레

톱사슴벌레 애벌레

오늘은 톱사슴벌레의 애벌레도 꺼내 보았다. 사육상자의 뚜껑을 열었더니 애벌레가 많이 자라 있었다. 올여름에 번데기에서 탈피하고 톱사슴벌레가 될 것 같다.

미끌미끌한 감촉

며칠 후 박사님으로부터 편지가 왔다.

진우에게

안녕. 수첩 주워 줘서 정말 고맙구나.
난 지금 아프리카에 있는 사막의 나라 나이지리아에 있어.
사막에도 벌레가 사는데, 그것들을 채집하려고 여기에 와 있단다.
저 멀리에서 나미브사막거저리(거저릿과)가 기어가는 것을 발견하곤 정신없이 사막을 달려 쫓아가기도 했어. 사바나(savanna)[6]에 핀 아카시아꽃에는 커다란 비단벌레가 날아다니고 저녁이 되면 발밑에는 멋진 대왕길앞잡이가 기어 다닌단다.

사막에서 버그 박사가

---

[6] 건기가 뚜렷한 열대와 아열대 지방에서 발달하는 초원을 말한다.

여름

【Summer】

6월

7월

8월

6월
June

덥거나 비 오는 날이 많아진다.
대부분의 벌레들에게는 최전성기이다.

✓ 해야 할 일
- 여름 전시회 본격적으로 준비하기
- 학생들 현장답사 보내기
- 책 교정이 중요한 시기

4	5	6
숲 근처 풀밭에서 **부처나비**	가로등에 **배점무늬불나방**	나뭇잎 위에 **풀잠자리와 병대벌레**
11	**12**	**13**
가로등에 **먹무늬재주나방**	마른 대나무 주위에 **황슭감탕벌**	벗과식물 수풀에 **메추리노린재**
18	**19**	**20**
정원 귤나무에서 **호랑나비의 애벌레** 발견	층층나무 잎사귀에서 **에사키뿔노린재**가 자리를 뜨지 않고 알을 보호 중	숲속 잡초에 **흰띠거품벌레의 애벌레** 거품
25	**26**	**27**
산울타리에 **끝검은말매미**	**장수풍뎅이**랑 **톱사슴벌레**의 우화	돌 아래서 **노래기**를 잡아먹고 있는 **붉은무늬침노린재**

	1 비오는 날 **길앞잡이랑** **명주잠자리의** **애벌레(개미귀신)**를 찾아 헤매다	2 물가 풀잎 위에 **초록파리**	3 잎사귀를 갉아먹는 **등얼룩풍뎅이**와 **검정풍뎅이**
7 시냇물에 **물잠자리**	8 화단 꽃에 **점박이꽃검정파리**	9 근처 목장에서 **애기뿔소똥구리** 발견	10 무화과나무 위에 **알락하늘소**
14 녹나무 주위에 **청띠제비나비**	15 서로 잡아먹지 않도록 **방울벌레의** **애벌레** 반을 옮겨 떼어놓다	16 **꼬마나나니**가 단단한 땅에 구멍을 파서 집을 짓다	17 **황다리독나방**이 어지럽게 날아다니다
21 점심 무렵 **애기나방**이 날아다니다	22 하천에 **반딧불이**를 보러 가다	23 **게미**를 잡아먹는 **왕무늬대모벌**	24 논두렁 말뚝에 **아이노각다귀**
28 저녁 무렵 꽃 위에 **줄박각시**	29 **털매미**의 울음소리를 듣다	30 산길에서 **꼬마동애등에**와 **왕빗살방아벌레**	

047

| 6 월 1 일 |
| ☂ 22 ℃ |

비 오는 날에 곤충을 찾아 헤메다

길앞잡이

- 몸길이: 20mm 정도
- 분포와 서식: 들이나 산지, 경작지 주변, 해안가 염전 주변, 모래밭 등

오늘은 비가 와서 멀리 가지 않고
정원에서 곤충을 찾아보았다.
길앞잡이는 항상 정원에서 볼 수 있었는데
오늘은 빗물이 닿지 않는 바닥의 블록 옆에 있었다.

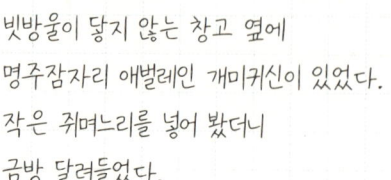

개미귀신(명주잠자리 애벌레)

- 몸길이: 15~20mm 정도
- 분포와 서식: 모래나 흙 속

깔때기 모양으로 개미지옥을 판다.

빗방울이 닿지 않는 창고 옆에
명주잠자리 애벌레인 개미귀신이 있었다.
작은 쥐며느리를 넣어 봤더니
금방 달려들었다.

명주잠자릿과의 애벌레인 개미귀신이 지은 집을 '개미지옥'이라고 해요. 이 함정은 작은 개미가 한 번 빠지면 헤어 나오지 못하고 잡아먹히기 때문에 '개미지옥'이라고 불려요. 거미나 나비의 애벌레도 잡아먹기는 하지만 개미귀신은 이름대로 개미를 가장 좋아한답니다. 하지만 개미지옥이 있을 것 같은 건조한 땅 위에는 웬만하면 개미들도 잘 기어 다니지 않기 때문에 좀처럼 개미가 잡히지 않아요. 그나마 다행인 건 개미귀신은 먹이를 먹지 않고도 몇 개월쯤은 거뜬히 살 수 있답니다.

남방부전나비 애벌레가 좋아하는 괭이밥 발견!

현관 근처에 괭이밥이 자라고 있길래 운 좋으면 남방부전나비의 애벌레를 볼 수 있을 것 같았다. 아니나 다를까 구멍 뚫린 잎사귀 뒷면에서 금방 찾았다.

괭이밥

12 mm

40mm

암끝검은표범나비 애벌레

내친김에 화단에 피어 있는 팬지꽃을 살펴봤더니 암끝검은표범나비의 애벌레도 있었다. 모양이 좀 무섭게 생겼다.

암끝검은표범나비는 원래 따뜻한 제주도에서 자주 발견되는 나비였지만 요즘은 대전 이남 지역에서도 쉽게 볼 수 있게 되었지요. 이렇게 따뜻한 곳에서만 살던 나비가 북쪽으로 서식지를 넓혀 가는 사례가 최근 늘고 있어요. 원래 암끝검은표범나비의 애벌레는 제비꽃을 먹지만 화단에 자주 심는 팬지와 종지나물도 잘 먹기 때문에, 먹이가 풍부해지면서 서식지가 북쪽을 향해 점점 올라가는 원인이 되고 있는 것이랍니다.

6월 9일 ☁ 24℃

소똥구릿과 조사

애기뿔소똥구리
- 몸길이: 13~20mm 정도
- 분포와 서식: 남서해안 또는 도서 지방의 평지나 야산의 풀밭

큰점박이똥풍뎅이
- 몸길이: 12mm 정도
- 분포와 서식: 소똥이 흔한 농가나 초원 지대

오늘은 근처의 목장에 갔다.
목장 주인에게 물어보니 이 목장에서는 소를 자연 상태에서 방목해 기르고 약은 되도록 사용하지 않는다고 한다. 이런 환경이라면 풍뎅이를 볼 수 있을 것 같아 기대감이 커졌다.
소똥을 뒤집어보니 렌지소똥풍뎅이와 큰점박이똥풍뎅이가 있었다. 우리나라에서 쉽게 볼 수 없는 녀석들이다. 몇 개 더 들춰보자 창뿔소똥구리와 애기뿔소똥구리가 기어 나왔다. 이런 멋진 녀석들을 보다니 오늘은 정말 행운이다.

자연에는 우리가 상상할 수조차 없는 환경에도 적응하며 살아가는 벌레들이 있어요. 그 예로 소똥구리 같은 녀석들은 다른 동물의 배설물을 먹으며 살아가지요. 이런 벌레들 덕분에 숲이나 초원이 동물들의 배설물과 사체로 뒤덮이지 않을 수 있는 것인데요. 영양분이 하나도 없을 것 같은 배설물을 먹이로 삼는다는 게 신기하지만, 사실은 소화 기관 속에 특별한 균이 있어서 동물들의 배설물을 좋은 영양분(단백질)으로 바꿀 수 있다고 해요. 자연에는 어느 하나 쓸모없는 건 없답니다.

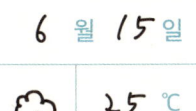

방울벌레 애벌레가 자라기 시작했다

제법 자라서 크기가 5mm는 되는 것 같다.
암컷은 산란관이 살짝 길쭉해졌다.
서로 잡아먹지 못 하도록 애벌레의 반은
다른 사육상자로 옮겨 놓았다.

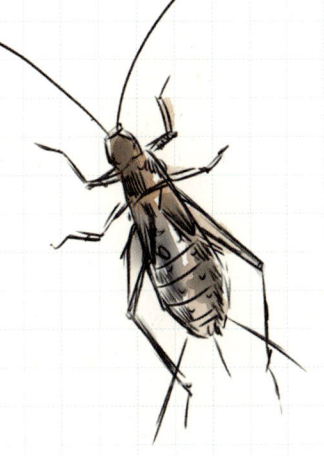

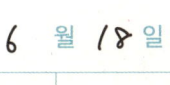

정원의 귤나무

정원에 있는 귤나무에서
호랑나비 애벌레를 발견했다.

30mm

어느새 많이 자라서 초록색을 띤
종령 애벌레[7]가 되었다. 안타깝게도 애벌레 몇 마리에는
이미 기생파리의 알이 붙어 있었다.
슬프지만 어쩔 수 없었다.

---

7) 애벌레의 마지막 단계로, 종령 애벌레 기간이 끝나면 번데기가 된다. 알에서 갓 부화한 상태를 1령 애벌레라고 하고 또 한 번 허물을 벗으면 2령 애벌레가 된다. 벌레마다 허물을 벗는 횟수가 다르다.

| 6 월 22 일 |
| 26 ℃ |

반딧불이를 찾아 하천 풀밭으로~

반딧불이(개똥벌레[8])

- 몸길이: 10~15mm 정도
- 분포와 서식: 인공적인 불빛이 없고 오염되지 않은 하천의 초지 및 습지

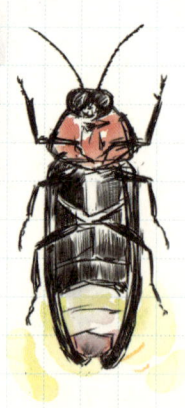

조금 멀리 떨어진 강에 반딧불이가 있다고 하길래 가 보았다.
여기에 사는 반딧불이는 요즘 생태계에 문제가 되고 있는 방생한 반딧불이가 아닌, 원래부터 이곳에서 살고 있는 것들이라고 한다. 너무 예뻤다.
저녁 8시쯤에 가장 환하게 빛났다.
이 불빛이 오래도록 꺼지지 않았으면 좋겠다고 생각했다.

반딧불이의 성충은 불빛을 깜박이는 것으로 암컷과 수컷이 대화를 해요. 빛이 사랑의 언어가 되는 셈이죠. 반딧불이의 이런 '불빛 언어'에는 사투리도 있어서, 장소에 따라서 깜박이는 간격이 다르답니다. 예전부터 다른 지역에서 잡아 온 반딧불이를 집에 와서 놓아주는 사람들이 있는데, 이는 집 주변의 반딧불이에 대한 대단히 심각한 자연 파괴 행위예요. 반딧불이의 개체 수를 늘리는 것도 좋지만 잡은 반딧불이를 살던 곳이 아닌 다른 데에 방생하는 것은 생태계를 어지럽히는 행동임을 명심하세요!

8) 반딧불이를 부르는 또 다른 이름으로, 개똥처럼 어디에서나 흔히 볼 수 있다는 뜻에서 유래되었다고 한다.

반딧불이에 대하여

반딧불이의 애벌레는 깨끗한 강에서 다슬기를 먹고 자라며, 강가 땅속에서 번데기가 돼요. 반딧불이는 몸속에 독이 있음을 천적에게 알려주기 위해서 성충뿐만 아니라 알과 애벌레, 그리고 번데기까지 빛을 낸답니다. 몸속에 있는 발광화합물인 루시페린(luciferin)과 발광효소인 루시페라아제(luciferase)가 섞이면서 빛이 난다고 해요.

반딧불이가 빛을 내는 이유 중 하나는, 성충 시기에 암컷과 수컷이 서로 만나기 위해서랍니다. 그런데 사실 반딧불이는 알이나 애벌레, 그리고 번데기도 빛을 내죠, 왜일까요? 반딧불이에게는 독이 있기 때문에 쓰고 맛이 없어서 새나 도마뱀은 잘 먹지 않아요. 빛을 내는 것은 "날 먹어도 맛이 없을 거야~"하고, 자신이 다치기 전에 천적들에게 경고의 메시지를 전하는 효과가 있기 때문이라고 알려져 있어요. 한편 애벌레만 빛을 내는 반딧불이 종류도 꽤 있답니다.

6월 26일	
☂	25 ℃

장수풍뎅이의 성장

 →  →

● 알
2~3mm 정도. 하얗고 반들반들 윤기가 난다. 암컷 한 마리당 3번 정도 나누어 알을 낳는데, 다 합하면 100개쯤 된다.

● 1령 애벌레
2주일 정도 지나면 부화. 몸길이는 대략 1cm 정도가 되며 이때부터 부엽토9)나 톱밥을 먹으면서 자란다.

● 2령 애벌레
1주일가량 지나서 처음으로 탈피를 하면 2령 애벌레가 된다. 몸길이는 1~2cm 정도.

→  →  →

● 3령 애벌레
두 번째 탈피를 할 때는 대략 4cm 정도이며 10cm 전후까지 자란다. 이 모습으로 추운 겨울을 난다.

● 전용10)
6월경이 되면 몸을 꿈틀대면서 주변의 흙을 밀어붙이고 번데기가 되기 위한 방(번데기 방)을 스스로 만들기 시작한다.

'알-애벌레-번데기-성충'의 과정을 모두 거치는 것을 '완전 탈바꿈'이라고 하고, 완전 탈바꿈 과정 중 번데기 과정이 없이 여러 번 허물벗기 후 성충이 되는 것을 '불완전 탈바꿈'이라고 해요. 이때 부화 후 성충이 되기까지 생김새가 변하지 않고 크기만 성장하는 것을 '무 탈바꿈'이라고 하지요. 주변에 있는 벌레들은 어떻게 성장하고 어떤 형태로 탈바꿈하는지 직접 관찰해 보세요.

9) 풀이나 낙엽이 쌓여 썩으면서 만들어지는 흙을 말한다.
10) 종령 애벌레와 번데기의 중간 상태로, 종령 애벌레가 번데기가 되기 위해서 몸이 쭈글쭈글해지고 짙은 색깔로 바뀐다. '앞번데기'라고도 한다.

드디어 장수풍뎅이가 성충이 될 것 같았다. 서둘러 스펀지 한가운데를 파내 자리를 만든 후에 번데기 하나를 흙에서 꺼내어 놓고 관찰해 보았다.

우화[11] 과정

1. 번데기가 까맣게 변하고 그 속에 있는 장수풍뎅이가 비쳐 보이기 시작했다.
2. 다리를 움직이더니 곧 허물을 벗기 시작했다.
3. 번데기에서 몸 전체가 빠져나왔다.
4. 날개가 펴지더니 예쁘고 하얀 장수풍뎅이가 되었다.
   뿔에는 아직 번데기 껍질이 붙어 있다. 그 모습이 너무 사랑스럽다.

→

● 번데기
번데기가 된 직후에는 하얗고 부드럽지만 점점 갈색으로 바뀌며 딱딱해진다.

● 성충
번데기에서 탈피하여 성충이 되었지만 1주일 정도 번데기방에서 기다린다. 몸이 완전히 딱딱해지면 땅 위로 올라온다.

장수풍뎅이는 애벌레에서 번데기가 되는 과정에서도 큰 변화를 겪어요. 전용 상태일 때 몸속에서 번데기가 될 준비를 하는데, 이때 뿔의 모양이 나타나지요. 이 시기의 뿔은 쪼그라든 풍선 같은 모양을 하고 있지만, 전용 상태에서 탈피하면 순식간에 부풀어 올라요. 그리곤 번데기 속에서 딱딱하게 바뀐답니다.

11) 번데기에서 탈피하여 성충이 되는 것을 말한다.

7월
July

본격적인 여름으로 접어들면서
몸집이 큰 벌레들이 나오기 시작한다.

✓ 해야 할 일
- 채소 수확하기
- 강연 다니기
- 전시회를 위한 마무리 단계

4	5	6
하늘 높이 **된장잠자리** 떼	계요등에서 **방패벌레**를 보다	저녁 무렵 논두렁에 **애반딧불이**

11	12	13
가로등에 **남방갈고리가지나방** 이랑 **청동풍뎅이**	방에 **딱지개미반날개**가 날아들다	나뭇가지에 **선녀벌레**가~

18	19	20
공원의 잎사귀 위에 **얼룩장다리파리**	가로등에 **차독나방**이랑 **큰명주딱정벌레**	잡목 수풀에 **날개대벌레**

25	26	27
뽕나무에 **배점무늬불나방**	나무진에 **콘알락그늘나비**	**방울벌레**가 성충이 되어 울기 시작하다

	1 가지나무 줄기에 **이십팔점박이무당벌레**	2 가로등에 **연노랑제비가지나방**	3 산에서 **왕소등에**한테 쫓기다
7 저녁 무렵 밭에는 **담배거세미나방의 애벌레** 투성이	8 강변에 **소똥구리**와 **왜콩풍뎅이**	9 산길에 **장수잠자리**가 날다	10 블루베리에 **꼬마쐐기나방의 애벌레**
14 회화나무 나무진에 **점박이꽃무지**	15 1박 2일로 **장수풍뎅이**와 **사슴벌레** 채집하러! 당일 나무에 대해 사전 조사하다	16 산속에서 수은등을 켜고 다양한 **나방**과 **사슴벌레** 채집	17 숲속의 나뭇잎에 **애사마귀붙이**
21 아벨리아꽃에 **줄녹색박각시**	22 오래된 집 벽에 **왕청벌**	23 밤중에 **왕잠자리의 우화**를 목격하다	24 오이 잎사귀에 **노랑무당벌레**
28 나무 사이 풀에서 **일본날개매미충** 발견	29 가로등에 **으름큰나방**이랑 **구리풍뎅이**	30 한낮에 **매화가지나방**이 날다	31 나무 위에서 **동방중베짱이류의** 울음소리가 들리다

7월 15일	
☁	28℃

곤충 채집을 하러 출발!

수컷 몸길이
30~79mm
정도

암컷 몸길이
25~45mm
정도

사슴벌레

- 분포와 서식: 계곡이 있는 높은 산지나 참나무가 많은 숲

톱사슴벌레

- 몸길이: 26~75mm 정도 (암컷은 20~41mm 정도)
- 분포와 서식: 참나무가 많은 산지나 숲

장수풍뎅이나 사슴벌레는 한여름에나 볼 수 있는 곤충이라고 생각하기 쉽지만, 전혀 그렇지 않아요. 실제로 6월 끝 무렵부터 여기저기에서 장수풍뎅이나 사슴벌레의 성충이 밖으로 나오기 시작한답니다. 그러니 방금 나온 녀석들을 관찰하고 싶다면 7월 초순이 가장 좋아요. 여름방학이 한창인 8월이 되면 사슴벌레 몇 종류를 제외하면 이미 찾아보기가 어렵거든요.

장수말벌

풍이

장수풍뎅이

며칠간의 일정으로 장수풍뎅이와 사슴벌레를 찾으러 조금 멀리까지 나갔다. 사람들이 잘 모르는 상수리나무 숲이 있는 곳이다.
오후 5시에 도착해서 미리 나무를 봐 두었다. 몇 그루에서 나무진(수액)이 충분히 흐르고 있는 것을 확인. 풍이와 장수말벌도 주위를 날고 있었다.
저녁을 먹고 어두워지자 미리 봐 두었던 나무로 갔다. 역시 예상대로다. 여러 마리의 장수풍뎅이와 멋진 톱사슴벌레들. 하하하. 성공이다!

장수풍뎅이 애벌레는 부엽토를 먹기 때문에 사람들이 땔감이나 낙엽을 주우러 가는 마을 주변의 산에서는 자주 발견되지만, 깊은 산속에서는 찾아보기가 힘들어요. 바꿔 말하면, 수천 년 전 사람들이 숲을 이용하면서부터 장수풍뎅이의 개체 수도 함께 늘어났다는 뜻이지요. 장수풍뎅이 성충이 나무진을 먹고, 애벌레가 낙엽을 먹는 상수리나무도 먼 옛날 사람들이 여기저기에 심기 시작했다고 해요.

7월 16일
☀ 32 ℃

라이트 트랩(등화채집)

나뭇가지 등을 이용해서
흰 천을 펴서 걸어 둔다.

수은등

산에 함께 간 친구가 나방을 잡는 데 사용할
라이트 트랩(light trap)을 만들어 주었다.
산을 조금 올라가 발견한 공터에 흰 천을 펼쳐 놓고 수은등을 켜 두었다.
오늘은 달도 뜨지 않고 날씨도 무더워 기대해 볼 만 할 것 같다.
도착해 보니 많은 나방 사이에 예쁜 금줄풍뎅이와 사슴벌레가 있었다.
조금 기다렸더니 홍다리사슴벌레도 날아왔다.
오늘은 여러 종류의 사슴벌레를 볼 수 있어서 기뻤다.
늦은 밤이 되자 수염하늘소도 날아왔다. 더듬이가 너무 멋있었다.

곤충 중에는 빛을 향해 모여드는 것들이 많이 있어요. 왜일까요? 여러 가지 이유를 생각해 볼 수가 있는데요, 그중 하나를 소개하면, 곤충은 야간에 별이나 달을 하나의 기준 방향으로 결정해 놓는데 불을 켜 두면 그 기준이 헷갈리게 되어 길을 잃고 헤매다가 불빛 쪽으로 날아오게 된다고 해요. 또 빛과 어둠의 경계선을 향해서 날아다니는 곤충이 있는데 이로 인해 가로등으로 날아오는 경우도 있다고 하지요.

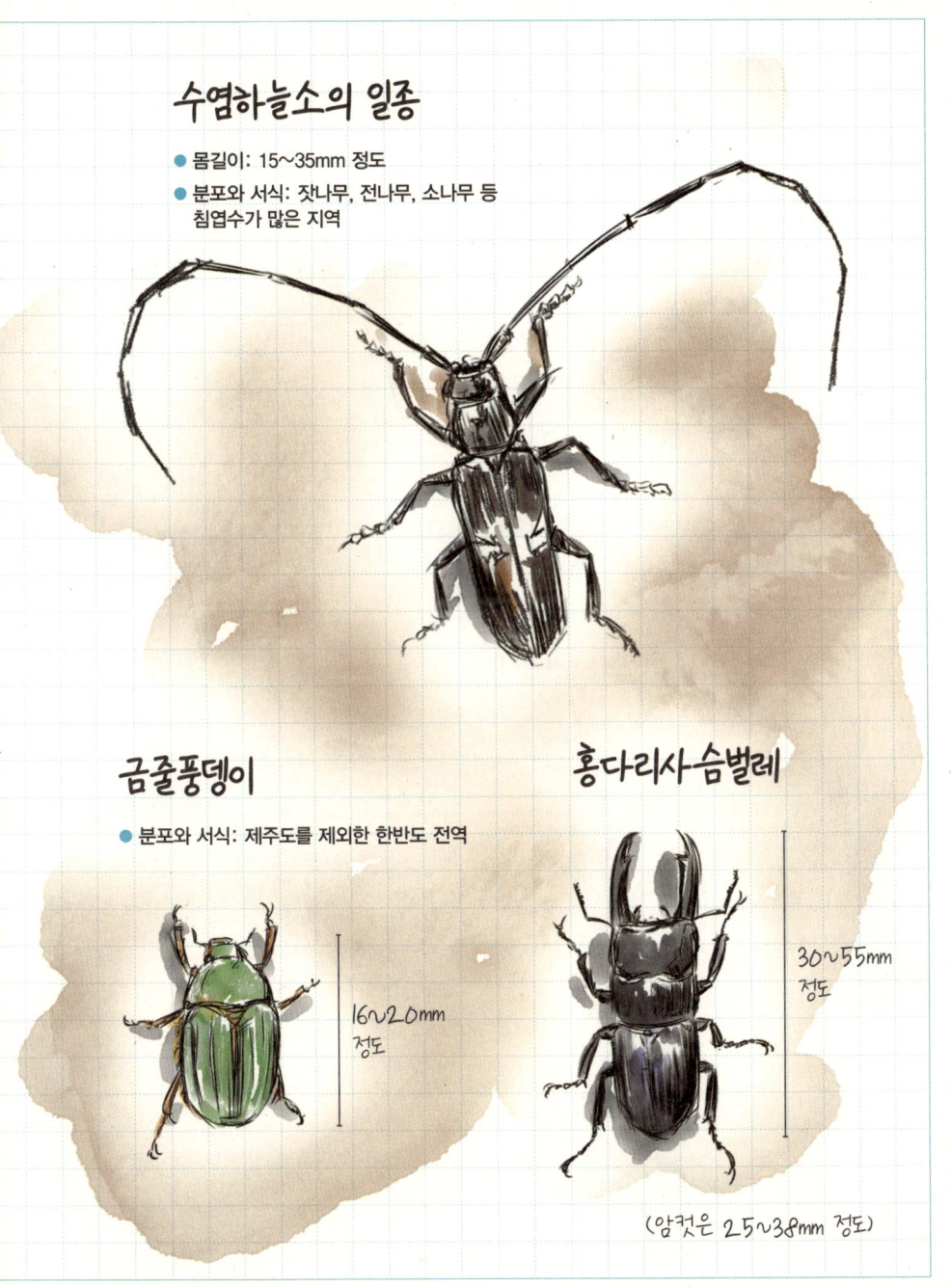

수염하늘소의 일종

- 몸길이: 15~35mm 정도
- 분포와 서식: 잣나무, 전나무, 소나무 등 침엽수가 많은 지역

금줄풍뎅이

- 분포와 서식: 제주도를 제외한 한반도 전역

16~20mm 정도

홍다리사슴벌레

30~55mm 정도

(암컷은 25~38mm 정도)

곤충들은 자외선이 많이 포함된 빛에 모이기 쉬운데, 예를 들면 형광등이나 수은등이 그렇지요. 곤충들에게는 이 빛이 더 잘 보이기 때문이에요. 최근 많이들 이용하는 LED 조명에는 자외선이 거의 없기 때문에 벌레도 잘 모이지 않아요. 예전에는 가로등이나 편의점 불빛 때문에 죽는 벌레들이 많았는데, 요즘은 LED 등으로 바뀌면서 에너지 절약뿐만 아니라 벌레들에게도 아주 살기 좋은 환경이 되었다고 할 수 있답니다.

| 7월 23일 |
| ☀ 32℃ |

잠자리의 우화를 보러 가다

왕잠자리　● 분포와 서식: 연못이나 하천 주변

물풀에 매달려 움직이지 않는다. → 다리와 날개가 빠져나온다. → 허물에서 모두 빠져나와 접혀 있던 날개를 편다.

잠자리는 우리 주변에서 쉽게 볼 수 있는데, 하늘을 나는 곤충 중에는 하루살이와 함께 아주 원시적인 편에 속한답니다. 즉, 잠자리나 하루살이 모두 날개를 몸에 붙여서 접지 못한다는 것이 특징인데요, 그래서 날개를 등 위로 들어 올리거나 펼친 채로 앉아 있지요. 같은 불완전 탈바꿈을 하는 곤충이라도 메뚜기나 매미를 보면 날개를 몸에 붙여서 접고 있는데 이것은 대단히 중요한 진화라고 할 수 있어요.

근처 연못에 있던 잠자리 애벌레들이 이제 슬슬 우화하는 계절이 되었다. 밤중에 관찰을 나갔더니, 연못 옆의 돌벽에서 밀잠자리가 우화하고 있는 것을 발견했다. 감동적인 순간이었다. 뒤이어 왕잠자리 애벌레가 풀잎 위로 기어 올라와 있는 것을 발견하곤 지켜보았다. 등 쪽이 벌어지고 순서대로 다리와 날개, 배, 몸이 나오더니 어느 순간 접혀 있던 날개를 펼치기 시작했다. 언제 봐도 엄청난 광경이다.

몸길이: 70~80mm 정도

몸이 완전히 딱딱해지는 아침까지 기다린다.

날개가 큰 왕잠자리는 비행의 달인이랍니다. 가까운 친척인 먹줄왕잠자리도 비행 거리가 긴 것으로 유명하죠. 그래서 잡기도 힘들어요, 어렸을 적 이 녀석들을 잡으려고 엄청나게 고생했던 기억이 있어요. 잠자리 종류는 모두 연못에 사는 곤충을 잡아먹는데 왕잠자리는 다른 재빠른 잠자리들을 잡아먹기도 한답니다. 비행의 달인이라서 가능한 일이겠죠?

7월 27일	
☂	29℃

방울벌레의 성충이 나와서 울기 시작했다

요즘 성충이 되는 방울벌레가 많아지기 시작했다.
그리고 보니 확실히 최근 들어 조금씩 울기 시작하는 것 같다.
하트 모양으로 세운 날개를 서로 비비면서 '리링~ 리링~'하고
큰 소리를 내는 걸 보면 항상 신기하다는 생각이 든다.
어떻게 저런 작은 몸집에서 어떻게 저런 큰 소리를 낼 수 있을까.

방울벌레
- 몸길이: 16~19mm 정도
- 분포와 서식: 풀밭의 낙엽층이나 돌 밑

방울벌레나 귀뚜라미는 날개를 서로 비벼서 소리를 낸답니다. 마치 레코드판에 바늘이 닿았을 때처럼 저마다 날개에 서로 다른 복잡한 모양의 홈이 파여 있어서 거기에 또 다른 홈을 비벼대는 것이지요. 그 결과 깜짝 놀랄 만큼 큰 소리를 냅니다. 인간의 과학 기술이 아무리 발달했다고 해도 방울벌레처럼 작으면서도 에너지를 그다지 사용하지 않는 스피커를 만드는 것은 불가능하지 않을까요?

곤충들의 싸움

방울벌레가 우는 것은 암컷을 부르기 위해서랍니다.
하지만 수컷끼리 만나게 되면 '리링'하고 짧고 불규칙한
소리를 내면서 서로 찌르고 싸워요.
이 밖에도 수컷끼리 싸움을 하는 곤충은 많은데,
장수풍뎅이나 사슴벌레도 암컷을 서로 차지하려고 경쟁을 하지요.
하지만 대부분 승산이 없으면 금방 항복하므로
싸우다가 쓸데없이 다치는 일은 거의 없답니다.

수컷과 암컷의 모양이 아주 다른 곤충으로는 어떤 것들이 있을까요? 바로 장수풍뎅이나 사슴벌레가 떠오를 거예요. 이런 곤충들은 대부분 수컷끼리 싸움을 벌여요. 수백만 년에 걸친 오랜 진화의 역사 속에서 뿔 덕분에 싸움에서 이긴 수컷의 유전자가 이어져 내려온 것이지요. 이런 진화를 '성선택[12]'이라고 하는데, 여러 종류의 동물들에게서 다양한 형태로 나타난답니다.

12) 영국의 생물학자 다윈이 주장한 것으로, 이성에게 매력적인 형질을 가진 쪽이 짝짓기에 성공하며 이로써 그 형질이 자손에게 남아서 진화에 관여한다는 학설이다.

August

더운 날씨가 계속된다.
벌레들의 최전성기도 곧 끝나간다.

✔ 해야 할 일
- 논문 쓰기, 실험 다시 시작
- 라디오 출연

4	5	6
흰줄숲모기한테 여러 군데를 물리다	해안 근처 가로등에 수염풍뎅이	낮 무렵 수액에 풍이와 좀파리
11	12	13
팽나무 잎에 비단벌레	공원 연못에 게아재비	산에 있는 자동판매기에 뱀잠자리
18	19	20
밤나무산누에나방의 애벌레 때문에 산의 나무들이 벌거숭이가 되다	결국 우리 집에서도 바퀴벌레가 나왔다!!!	벚나무에 황색점박이노린재
25	26	27
공원에 다 자란 수컷 밀잠자리	공터 개망초에 알락수염노린재	왕나비가 날아가는 모습이 눈에 들어오다

	1 물장군이나 물방개를 채집하러 먼 연못에 가다	2 애기가는여치가 숲속에서 울다	3 사람이 없는 해안 모래사장에 강변길앞잡이
7 풀장에 잿빛물방개	8 공원에서 유지매미가 우화하는 모습을 목격하다	9 큰 연못에 부채장수잠자리와 산잠자리	10 화단의 아벨리아꽃 위에 벌꼬리박각시
14 먹무늬재주나방의 애벌레 때문에 벌거숭이가 된 벚나무	15 방울벌레의 성충은 아직도 활기차다	16 저녁 공중전화 부스에서 발견한 명주잠자리	17 해바라기에 국화방패벌레
21 공원 풀숲에서 풀무치를 발견	22 저녁 무렵 수액에 붙어 있는 암청색줄무늬밤나방과 사슴벌레들	23 해안에서 거제반날개의 일종을 발견	24 갯강활꽃에 홍줄노린재
28 톱사슴벌레의 애벌레가 꽤 자랐다	29 고구마에 박각시의 애벌레	30 산울타리에 귀뚜라미	31 정원 귤나무에서 호랑나비의 알을 발견

067

| 8 월 / 일 |
| ☀ | 33 ℃ |

물가에 사는 곤충 채집

물방개
- 몸길이: 35~40mm 정도
- 분포와 서식: 연못이나 저수지 등 물풀이 많은 곳, 현재는 개체 수가 급격히 감소

개구리처럼 뒷다리를 동시에 저어 수영한다.

물장군
- 몸길이: 50~60mm 정도
- 분포와 서식: 서남해안의 도서 지역 및 해안 지역, 내륙의 습지

줄무늬물방개
- 몸길이: 13mm 정도
- 분포와 서식: 연못이나 저수지 등 물풀이 많은 곳, 현재는 제주도 일부 지역

전 세계적으로 자연이 잘 보호되고 있는 지역에서 멸종 위기에 처한 희귀 벌레들을 보면, 대부분 깊은 산속이 아닌 사람들이 사는 마을 근처나 논, 평지의 수풀에 사는 것들이에요. 그 대표적인 예가 수생곤충인데 우리나라에서도 점차 찾아보기 힘들어지고 있어요. 자연 그대로의 연못이나 수로가 인공적으로 바뀌고, 벌레들에게 치명적인 농약을 사용하거나 가로등이 늘어나면서 거기에 모여드는 벌레들이 살아남지 못한 결과지요.

장구애비

- 몸길이: 30~38mm 정도
- 분포와 서식: 연못이나 저수지 등 물이 고요하고 물풀이 많은 곳

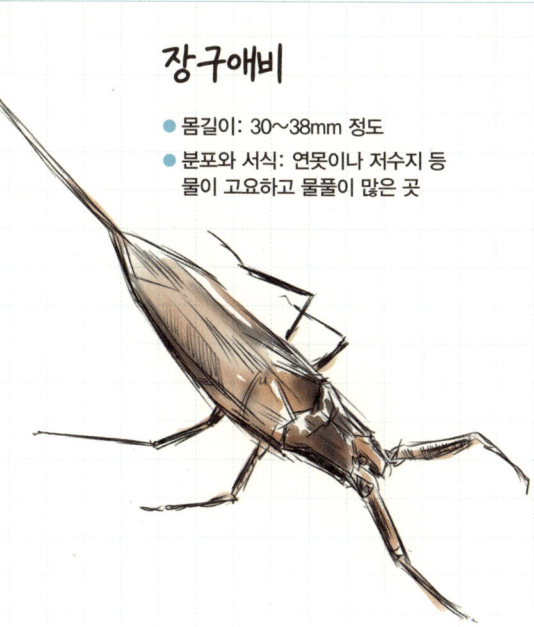

물자라

- 몸길이: 20mm 정도
- 분포와 서식: 연못이나 저수지 등 물이 고요하고 물풀이 많은 곳

암컷이 수컷 등에 알을 낳고 떠나면 수컷이 알을 등에 업고 다니며 돌본다.

물땡땡이

- 몸길이: 40mm 정도
- 분포와 서식: 제주도를 제외한 한반도 전역

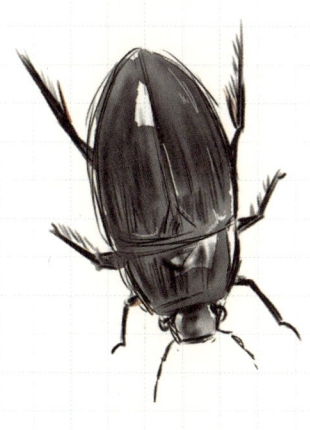

가까운 연못에 여러 종류의 벌레가 있는 것을 보고 물장군과 물방개도 보고 싶어졌다. 그래서 이번엔 조금 멀리 떨어진 연못까지 가 보았다. 요즘은 곳곳마다 개발이나 농약 때문에 개체 수가 줄어들어서 우리나라에서는 멸종 위기에 놓여있다. 저녁 무렵 논 저수지에 무성하게 자라 있는 물풀 주변을 둘러보는데, 그 사이에서 거침없이 헤엄치고 있는 물방개가 보였다. 논 가장자리에서는 물장군도 볼 수 있었다. 아직 죽지 않고 살아 있다는 게 너무 다행스러웠다. 장구애비, 물자라, 물땡땡이, 줄무늬물방개도 보았다. 이런 곳이 앞으로도 계속 남아 있으면 좋겠다.

논이나 수로 등은 원래 자연에는 없던 것으로 사람이 만들어 낸 거예요. 하지만 사람이 살기 전 우리나라 평지는 대부분이 하천 둔치나 습지였지요. 논이 만들어지자 원래부터 거기에 살던 생물들이 그곳을 서식지로 삼기 시작한 것이랍니다. 이렇게 인간이 자연을 파괴하고 그 보상으로 제공한 서식 환경을 '대체 자연'이라고 하는데, 논은 대단히 중요한 생태 환경인 셈이지요.

내가 찾던 곳

물속에 사는 곤충을 채집할 때는
물고기를 잡을 때 쓰는 튼튼한 뜰채나 그물을
사용하는 것이 가장 좋아요.
또한 연못 속에 말린 정어리나 죽은 물고기를 넣어 관찰하면
그 냄새를 맡고 물방개가 모여든답니다.
이때 연못에 빠지지 않도록 조심하면서 관찰해 보세요.

인공적인 요소가 적고 농약 사용도 많지 않은 논은 수생곤충의 보고랍니다. 또한 논은 그 자체만으로도 중요한 서식지이지만 계곡 위의 저수지나 수로 같은 부수적인 시설도 수생곤충의 중요한 서식지이지요. 물이 흐르는지, 물풀이 많은지. 또 논이라면 언제 논에 물을 댔는지 등에 따라서 거기에 사는 곤충의 종류가 바뀌어요. 기회가 된다면 농가 사람들에게 먼저 허락을 받고 여기저기 관찰해 보는 것도 좋답니다.

| 8월 4일 | ☁ 31℃ |

모기한테 다섯 군데나 물렸다…

흰줄숲모기

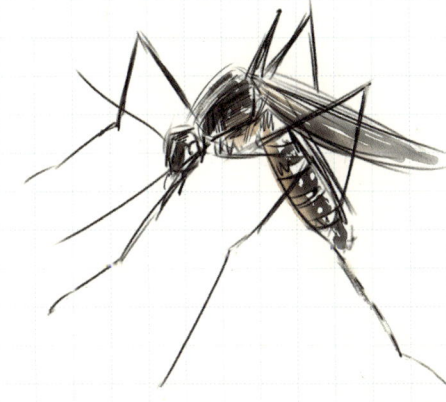

요즘 모기가 너무 많다.
나는 모기한테 물려도 붓지도 않고,
가렵지도 않은 특이 체질이다.
어렸을 때부터 모기한테 자주 물리다
보면 나처럼 된다고 한다.
숲에서는 흰 줄과 검은 줄이 섞여 있는
흰줄숲모기한테, 그리고 집에서는 주로
빨간집모기한테 물리는 경우가 많다.
피를 빠는 것은 모두 암컷인데
알을 낳는 데 필요한 영양을
보충하기 위해서이다.

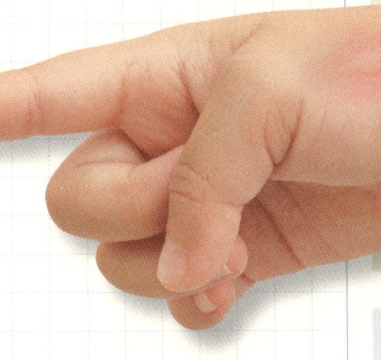

✓ 모기가 좋아하는 사람
- 몸의 온도(체온)가 높은 사람
- 잘 흥분하는 사람
- 땀을 많이 흘리고 잘 안 씻는 사람

모기는 열을 감지하는
센서가 예민하기 때문이다.

우리가 흔히 모기라고 하는 곤충은 사실 그 종류가 무척 다양해요. 그리고 사람 피를 빨지 않는 모기 종류도 많이 있답니다. 모기는 피를 빨면서 병원균을 옮기기도 해서 한때 우리나라에서도 학질모기의 한 종류가 말라리아를 유행시켰던 적이 있어요. 말라리아는 지금도 세계적으로 문제가 되는 무서운 질병이지요. 이 외에도 여러 가지 질병을 옮긴다는 것 때문에 모기는 인간에게 가장 위험한 생물 1위라는 오명을 듣기도 해요.

| 8 월 8 일 |
| ☀ 32 ℃ |

매미의 우화

 →  →

나무에 자리를 잡는다.　　머리, 날개, 다리 순으로　　몸을 일으켜 배 부분을 빼낸다.
　　　　　　　　　　　　빠져나온다.

→ 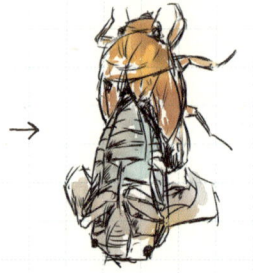 →

몸이 완전히 빠져나온다.

쪼글쪼글하던 날개를 편다.
날개돋이가 끝나기까지 한 시간
정도 날개를 말린다.

유지매미
● 몸길이: 53~60mm 정도
● 분포와 서식: 산야의 산림 지대

> 갓 우화한 매미들은
> 날개가 파르스름해서
> 신비롭게 보인다.
> 4~8시간 후면 완전한
> 매미가 된다.

요즘 매미 소리가 자주 들린다. 저녁때 집으로 돌아오는 길에 공원을 들렀는데 운 좋게 유지매미가 우화하는 모습을 볼 수 있었다. 땅바닥에는 애벌레들도 기어 다니고 있었다. 지금이 우화가 가장 많이 일어나는 시기인가보다.
공원의 전등 아래에서 날개를 펼친 모습이 매우 아름다웠다.

매미의 우화를 보기 위해서는 적극적으로 찾아다니거나 또는 조금의 운이 필요하기도 합니다. 저녁 무렵 매미가 많은 공원으로 나가보는 것도 좋은 방법이지요. 하지만 그럴 시간이 없는 사람도 매미가 벗어놓은 허물은 쉽게 볼 수 있어요. 매미는 도시 환경에 적응한 곤충으로 도심 어디에서나 허물을 찾아볼 수 있거든요. 매미의 허물을 관찰하는 것도 재미있어요. 매미의 몸통이 어떻게 생겼는지를 살펴볼 수 있고, 또 매미한테서는 지금까지 맡아본 적 없는 약간 고소하면서 이상한 냄새가 나기도 한답니다.

매미에 대하여

> 여름 내내 울어 대는 매미는 수컷으로, 배에 있는 '공명실' 때문이다.

암컷 매미는 배 끝에 있는 뾰족한 침 모양의 산란관을
나뭇가지에 꽂아 알을 낳아요. 알은 가을이나
이듬해 봄부터 초여름 사이에 부화하는데, 알에서 깨어난 애벌레는
땅바닥으로 떨어져 그대로 땅속으로 파고들어 가죠.
애벌레는 나무뿌리의 즙을 빨아먹으면서 성장하고 3년에서 6년 정도 지나면
성충으로 우화해요. 매미는 여름을 대표하는 곤충이라고 알고 있지만,
풀매미는 아직 봄인 5월 하순에, 애매미나 늦털매미와 같이
여름의 끝 무렵에 나타나 가을을 지내다 가기도 한답니다.

우리나라 도심에 가장 많은 것이 말매미와 참매미랍니다. 예전 시골에서는 유지매미가 많았지만, 지금은 찾아보기가 힘들어요. 말매미는 온도가 27℃ 이상이 되면 우는 습성이 있고, 27℃ 이하에서는 참매미가 합창을 하지요. 알아보기 힘들겠지만, 7월 무렵에는 각지에서 털매미도 볼 수 있어요. 우리나라에는 대략 15종의 매미가 있는데 환경과 계절에 따라 다른 종류의 매미를 볼 수 있답니다. 이것들은 울음소리나 우는 시간도 서로 다르니 이런 차이를 관찰하는 것도 재미있을 거예요.

| 8 월 10 일 |
| ☀ | 34 ℃ |

주변에서 볼 수 있는 벌레들

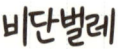

비단벌레
- 몸길이: 30~40mm 정도
- 분포와 서식: 한반도 중남부 삼림 지대의 팽나무나 느티나무가 많은 지역

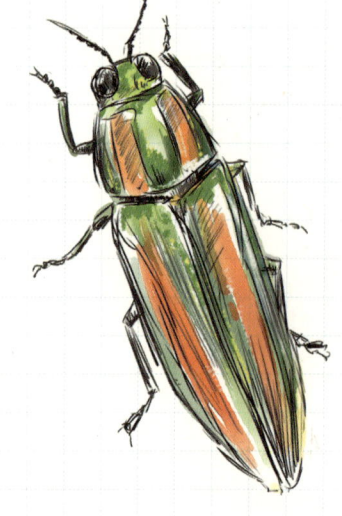

매일 더운 날씨가 이어진다. 공원에서 곤충을 찾아보았다. 팽나무와 왕벚나무를 올려다보니 위쪽에서 우리나라에서는 천연기념물로 지정된 비단벌레가 날고 있었다. 꿈만 같다.

화단에 있는 아벨리아꽃에 벌꼬리박각시와 줄녹색박각시가 와서 꿀을 빨고 있었다.

줄녹색박각시
- 몸길이: 50~70mm 정도
- 분포와 서식: 한반도 남부의 아열대 해안 지역 및 중부 지역

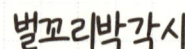

벌꼬리박각시
- 몸길이: 40~50mm 정도
- 분포와 서식: 한반도 전역

요즘 곤충을 찾아보기가 어려워졌다는 얘기를 자주 하지요. 하지만 그건 관심을 두고 찾아보지 않아서이지, 조금만 시선을 돌리면 우리 주변에서도 쉽게 곤충들을 찾아볼 수 있답니다. 특히 1cm 이하의 작은 곤충은 웬만큼 주의를 기울이지 않으면 눈에 띄지 않아요. 조금만 관심을 두고 주위를 둘러보면 1cm 이하의 작은 벌레들 종류가 이렇게 다양한지 깜짝 놀라게 될 거예요.

으름큰나방(으름밤나방) 애벌레

● 분포와 서식: 산지와 평지의 낙엽 활엽수림의 가장자리, 울릉도 제외한 한반도 전역

울타리를 칭칭 감고 있는 으름덩굴에 으름큰나방의 애벌레가 있었다. 생김새가 굉장히 특이하다.

등검정쌍살벌

집 현관 옆에 붙어 있던 벌집이 이젠 엄청 커졌다. 가까이 가면 위험할 것 같아서 멀리서 관찰했다. 올해는 밭에 있던 그 많은 애벌레가 보이지 않는다. 아마도 이 벌들이 잡아먹었나 보다.

곤충도 더운 것을 싫어해요. 심지어 매미조차도 엄청 더운 날에는 활동하지 않고 나뭇가지 사이에서 쉽니다. 이를 '여름잠'이라고도 하는데, 그중에는 여름철 활동을 멈추고 시원한 땅속으로 파고들어 가 버리는 곤충도 있어요. 하지만 쌍살벌은 벌집이 있어서 이사를 하기가 쉽지 않겠죠? 그래서 이 녀석들은 날갯짓으로 바람을 일으키거나 물을 뿌리는 방법으로 벌집의 더위를 식힌답니다. 정말 지혜롭다는 것을 알 수 있지요.

| 8 월 19 일 |
| ☁ 28 ℃ |

집에서 바퀴벌레 발견

먹바퀴

- 몸길이: 25~30mm 정도
- 분포와 서식: 따뜻하고 습한 지하실이나 하수관 틈

당황스럽게도 집에서 먹바퀴가 나왔다. 요즘 저녁 산책길에 먹바퀴가 자주 눈에 띄었는데 그 녀석들이 집 안까지 숨어들어 온 듯하다. 매일 식사가 끝나는 대로 곧바로 설거지해서 주방을 깨끗이 정리하고, 음식물 쓰레기도 잘 버리면 바퀴벌레가 눌러앉지는 못할 것이다. 그래, 괜찮을 거야!

독일바퀴

- 몸길이: 12mm 정도
- 분포와 서식: 주방 주변과 따뜻하고 습기가 많은 곳

작고 옅은 갈색이며 집 안이나 음식점 등에서 연중 볼 수 있는 녀석이다.

바퀴벌레는 밖에서도 활동하기 때문에 여름철에 아무리 깨끗이 청소해도 집 안으로 들어와요. 하지만 이제는 너무 신경질적으로 바퀴벌레를 싫어할 필요는 없을 것 같아요. 사람들이 바퀴벌레를 싫어하는 이유가 몇 가지 있는데 여러분도 왜 바퀴벌레를 싫어하는지를 곰곰이 생각해 볼 필요가 있어요. 우리는 가끔 결벽증이 너무 지나쳐서 간혹 벌레들이 살아 있는 생물이라는 사실을 잊어버리곤 하니까요.

| 8 월 21 일 |
| ☀ 30 ℃ |

풀숲에서 메뚜기를 보았다

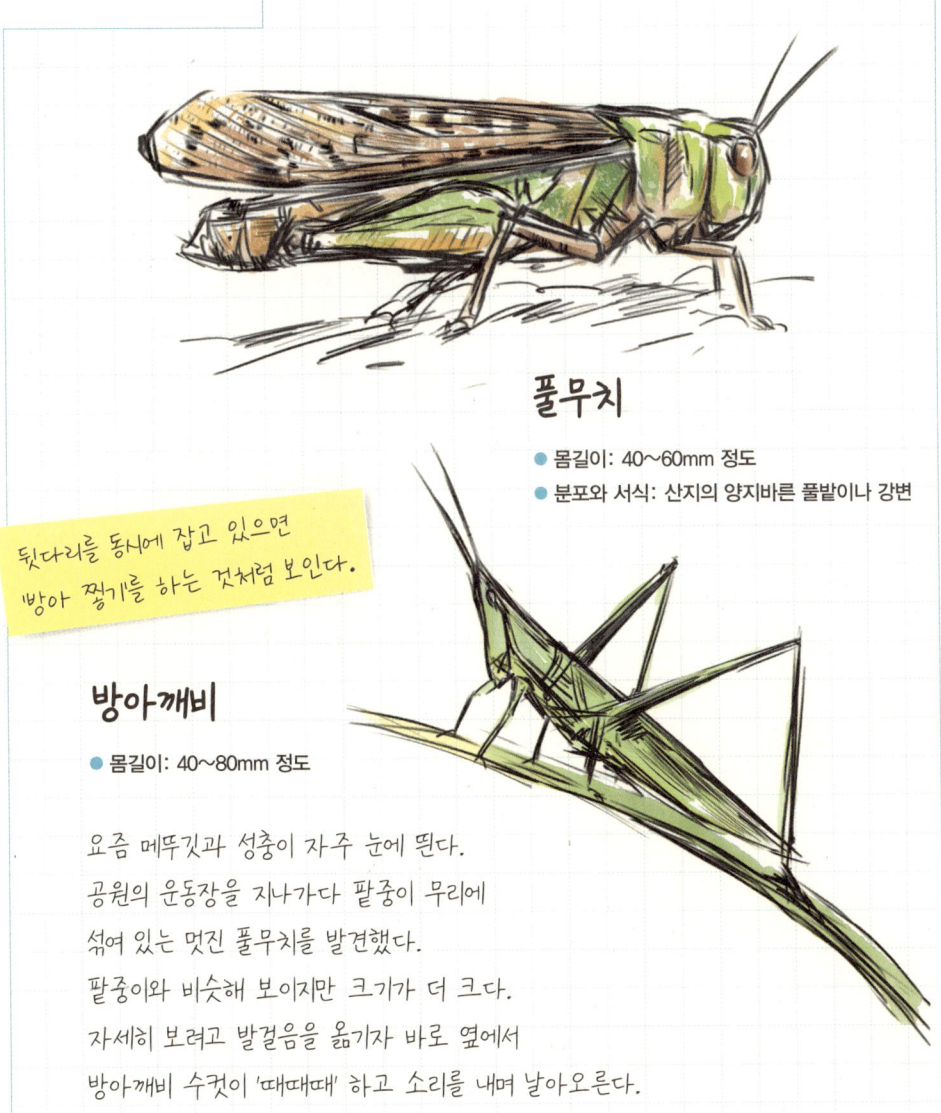

풀무치
- 몸길이: 40~60mm 정도
- 분포와 서식: 산지의 양지바른 풀밭이나 강변

뒷다리를 동시에 잡고 있으면 방아 찧기를 하는 것처럼 보인다.

방아깨비
- 몸길이: 40~80mm 정도

요즘 메뚜깃과 성충이 자주 눈에 띈다.
공원의 운동장을 지나가다 팥중이 무리에
섞여 있는 멋진 풀무치를 발견했다.
팥중이와 비슷해 보이지만 크기가 더 크다.
자세히 보려고 발걸음을 옮기자 바로 옆에서
방아깨비 수컷이 '때때때' 하고 소리를 내며 날아오른다.

메뚜기는 아이들의 놀이 상대로 가장 적합한 곤충으로 저도 자주 길러보곤 했지요. 초등학교 다닐 때 기르던 풀무치가 산란을 한 적이 있어요. 이듬해 봄에 좁은 수조 안에 수많은 애벌레가 부화해서 매일 풀을 먹이로 주었더니 잘 자라더군요. 그런데 생김새가 작고 가늘면서 길쭉한 이상한 모양의 성충이 되었어요. 풀무치는 좁은 곳에서 여러 마리를 기르다 보면 '군거상[13]'이라고 불리는 이런 이상한 모양이 되어 버린다고 해요.

13) 풀무치는 무리를 지어 이동하는 습성이 있는데, 초록색이나 갈색을 띠는 '독거상(Solitary phase)'과 흑갈색, 검은색을 띠며 다리가 짧고 날개가 긴 '군거상(Gregarious phase)'으로 나뉜다.

8월 23일	
☁	27 ℃

신종 발견!?

거제반날개의 일종
- 몸길이: 5mm 정도
- 분포와 서식: 따뜻하고 습기가 많은 남부 해안 지역

오늘은 약간 구름이 끼고
날씨가 선선해서 해안으로 조사를 나갔다.
해안 자갈밭에서 모종삽으로 자갈을 퍼 소쿠리에 걸러낸 후
그 밑으로 떨어지는 벌레를 찾아보았다.
거제반날개의 일종으로 보이는 녀석들이 많이 있었는데,
신종이 아닐까 하는 의심이 드는 것도 몇몇 눈에 띄었다.

우리나라에는 1만 8천여 종 정도의 곤충이 있다고 알려져 있는데 실제로는 아직도 발견하지 못한 신종이 더 있을 거라고 해요. 즉, 새로운 종이 아직도 매우 많다는 뜻이죠. 신종일 가능성이 높은 것들은 작은 파리나 벌, 나방, 갑충류가 대부분으로 연구하기 까다로운 녀석들이에요. 하지만 방금 내 앞을 지나쳐 날아간 녀석이 아직 세상에 알려지지 않은 신종일지도 모른다고 상상하면 흥분되지 않나요? 게다가 이 작은 벌레들을 실제로 현미경으로 들여다보면 그 모습이 너무나도 아름답고 매력적이랍니다.

| 8월 28일 |
| ☂ 26℃ |

사육상자 속 장수풍뎅이와 톱사슴벌레

장수풍뎅이 사육 매트를 뒤집자 많은 알이 있었다. 얼마 전에 잡은 톱사슴벌레를 키우고 있는데 아직은 건강한 것 같다. 기르고 있는 톱사슴벌레의 애벌레도 상당히 많이 자랐다.

| 8월 31일 |
| ☀ 27℃ |

호랑나비의 알

덩치가 큰 여름형 호랑나비가
많이 날아다닌다.
정원의 귤나무를 보니
알이 붙어 있었다.
기생파리나 쌍살벌한테 잡아먹히지
않도록 그물망을 씌워 놓고
관찰하기로 했다.

며칠 후 박사님으로부터 편지가 왔다.

진우에게

며칠 전에 전화해 줘서 반가웠단다.
나는 지금 말레이시아에 있어. 내 전공은 개미집에 사는
곤충인데, 말레이시아에서는 그동안 거의 조사가 안 되어
있었거든. 몇 년 전 처음으로 곤충을 조사하러
곰박(Gombak) 계곡을 방문했을 때 에닉투스라는
군대개미[14]의 행렬에서 개미를 닮은 반날개(갑충)를 발견했어.
이것은 단순한 신종이 아니라 새로운 '속[15]'에 속하는 신종을 발견한 거야.
그 후로부터 2주일 동안 쉼 없이 개미집과 개미 행렬을 관찰하면서도 줄곧 신종을
발견했을 때의 기억이 떠올라 가슴이 두근거렸단다. 이렇게 엄청난 대발견이 내 발 바로 밑에
있었다니 믿기지 않아. 앞으로도 더 많은 곤충을 관찰하고 돌아갈게.

버그 박사로부터

---

14) 개밋과에 속하는 곤충 중 약 250여 종이 군대개미로 분류된다. 하나의 개미집에서 생활하는 다른 개미들과는 달리 유랑생활하며 매우 호전적이다.

15) 생물분류단계는 '계'가 가장 큰 단계이고, '계'는 다시 '문-강-목-과-속-종' 순으로 세분화된다. 서로 자발적인 짝짓기가 가능하고 그 결과 자손에게 유전형질을 물려줄 수 있는 경우를 동일한 '종'으로 분류하며 그 상위 카테고리가 '속'이다.

가을

【 Autumn 】

9월

10월

11월

9월 September

여름 벌레들이 들어가고
가을 벌레들이 나오기 시작하는 계절이다.

✔ 해야 할 일
- 겨울 야채 심기
- 표본 정리하기
- 학생들 학회 발표 지도하기

4 퇴비 주변에 아메리카동애등에	**5** 기르고 있는 방울벌레가 산란 중이다	**6** 부화한 호랑나비의 애벌레
11 연못 옆 풀잎에 방울실잠자리	**12** 비쭈기나무 근처에 흰띠알락나방	**13** 근처 수풀에 왕귀뚜라미랑 벼메뚜기
18 공원에 핀 꽃에 오줄루리꽃등에	**19** 진달래 잎사귀 뒤쪽에 진달래방패벌레	**20** 호랑나비의 종령 애벌레가 전용 상태가 되어 나뭇가지에 달라붙어 있다
25 감나무에 노랑쐐기나방의 애벌레	**26** 깨끗한 강에 검은물잠자리	**27** 썩은 감나무 열매에 들신선나비

	1	2	3
	줄점팔랑나비가 여기저기	논에서 **고추좀잠자리**가 날아다니다	다 먹은 멜론 껍질에 **노랑초파리**
7	**8**	**9**	**10**
벗과 식물에 **더듬이긴노린재**	산속 연못에 **물땡땡이**랑 **검정물방개**	산속 가로등에 **다우리아사슴벌레**	**호랑나비**의 애벌레가 꽤 자랐다
14	**15**	**16**	**17**
수액 근처에서 **말벌 친척뻘 되는 녀석**한테 쫓겨 다니다	기르고 있는 방울벌레의 성충이 대부분 사라졌다	**호랑나비의 애벌레가 종령 애벌레로!**	사철나무로 만든 산울타리에 **버드나무얼룩가지나방**
21	**22**	**23**	**24**
드디어 전용 상태 였던 **호랑나비**가 **번데기**가 되었다	**파리매**가 소똥구리를 사냥하다	**긴수염대벌레**의 위장술에 놀라다	공원의 나무줄기에 **황소노린재**
28	**29**	**30**	
물풀이 많은 연못 에서 **엿소금쟁이**	논에 **고추좀잠자리** 떼	공원의 작은 대나무에 **대나무쐐기 알락나방의 애벌레**	

9 월 2일
☁ 24.5℃

논에서 가을 잠자리를 채집하다

고추좀잠자리
- 몸길이: 35~45mm 정도
- 분포와 서식: 한반도 전역. 애벌레는 연못이나 저수지, 물웅덩이

된장잠자리
- 몸길이: 45~55mm 정도
- 분포와 서식: 물웅덩이나 도시의 연못

예전에는 우리나라 전국 각지에서 흔히 '고추잠자리'라고 혼동하여 불리던 고추좀잠자리를 쉽게 볼 수 있었어요. 그런데 요즘은 좀처럼 보기 힘들어졌지요. 그 이유는 고추좀잠자리의 알이 땅속에서 부화하는 시기와 벼를 심는 시기가 겹치는데, 논에 벼를 심을 때 모종에 농약을 치는 바람에 그것을 먹고 애벌레가 죽기 때문이라고 해요.

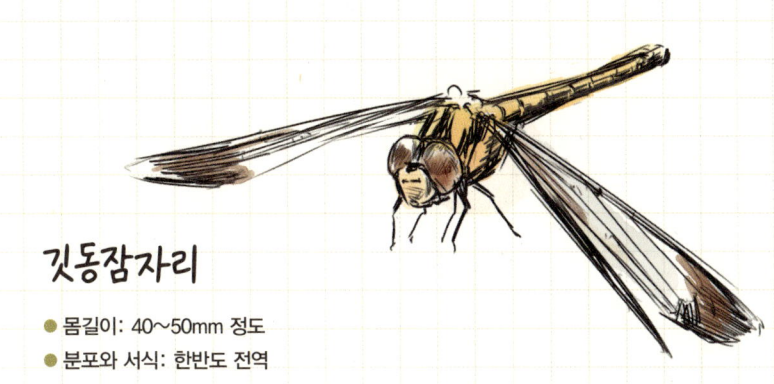

깃동잠자리

- 몸길이: 40~50mm 정도
- 분포와 서식: 한반도 전역

밀잠자리

- 몸길이: 50~60mm 정도
- 분포와 서식: 한반도 전역

조금 멀리 떨어져 있는 논에 가 보았다.
논에 물은 별로 없었지만,
수로 주변에 잠자리가 꽤 보였다.
밀잠자리가 가장 많았고 깃동잠자리도 있었다.
원래는 고추좀잠자리가 많이 있어야 하는데
요즘에는 농약 때문인지 개체 수가
많이 줄어든 것 같다.
다른 잠자리들 위로
된장잠자리 떼가 날아다니고 있었다.

잠자리는 해충을 비롯해 작은 벌레들을 잡아먹기 때문에 논에 잠자리가 많으면 해충도 많이 줄어요. 물론 해충이 대량으로 발생해서 잠자리만으로는 해결이 어려울 때도 있답니다. 그래서 농약을 사용하게 되는데, 요즘 농약은 다른 곤충들에게도 치명적이라서 많은 곤충이 사라져 가고 있는 게 사실이에요. 농사를 짓는 데 필요한 농약과 곤충의 공생은 참으로 어려운 문제인 것 같아요.

| 9월 5일 |
| ☀ 25℃ |

방울벌레가 산란을 시작했다

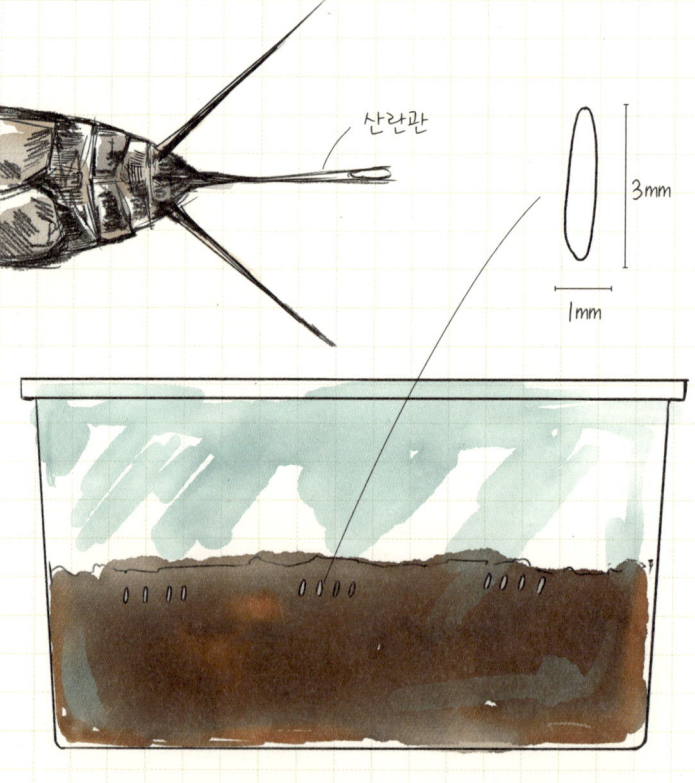

요즘 들어 방울벌레 울음소리가 전혀 들리지 않아
사육상자를 들여다보니 수컷은 대부분 죽어 있고,
그 사체를 암컷들이 먹고 있었다.
어떤 암컷은 모래에 산란관을 넣어 알을 낳고 있었다.
투명한 사육상자 옆으로 보니 모래 속이 온통 방울벌레 알로 가득했다.

방울벌레는 울음소리가 아름답고 성격이 온순해서 기르기 쉬운 곤충이에요. 하지만 야생 상태의 방울벌레는 전국적으로 찾아보기 힘들고, 수풀이 우거진 곳에 살고 있어 울음소리를 듣더라도 채집하기가 쉽지 않아요. 물론 야생에서 찾아보기 힘들다고 해서 집에서 기르던 방울벌레를 숲에 풀어 줘서는 절대 안 됩니다. 야생의 방울벌레에는 없는 질병을 집에서 기르던 녀석들이 퍼뜨릴 수도 있기 때문이지요.

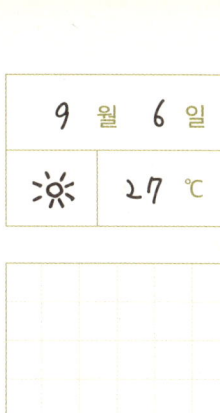

호랑나비의 알이 부화했다!

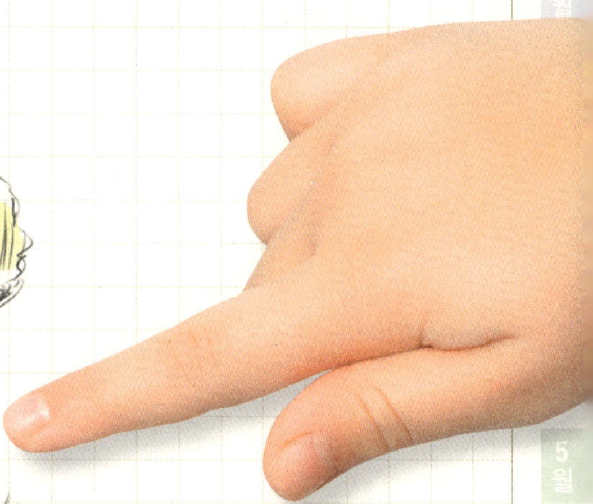

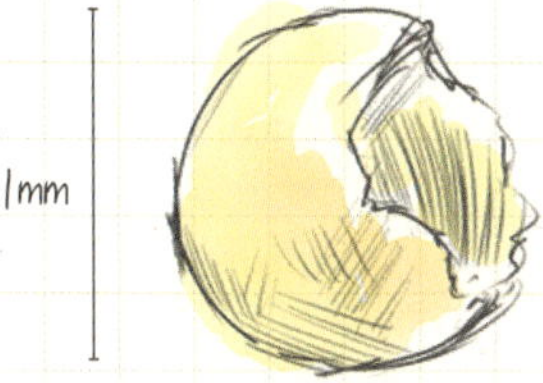

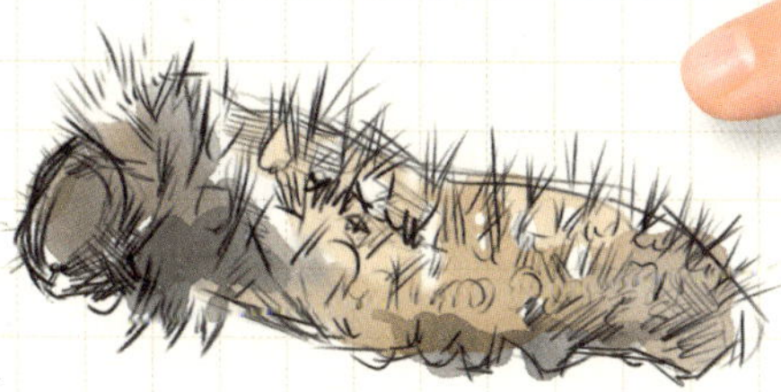

9월 6일 ☀ 27℃

1mm

그물망을 씌운 귤나무를 살펴보았더니
호랑나비의 알이 부화해서
애벌레가 알 껍데기를 갉아 먹고 있었다.
아주 작고 털이 수북이 나 있었다.

호랑나비 애벌레를 기르고 싶다면 미리 귤나무나 탱자나무 같은 운향과 식물을 심어두는 것이 중요해요. 단, 산 지 얼마 되지 않은 모종에는 농약이 묻어 있으므로 6개월쯤 전부터 귤나무를 기르기 시작해서 농약이 모두 없어질 때까지 기다려야 해요. 참! 호랑나비 애벌레는 대식가인데다 성장이 빠르지만, 그 반대로 귤나무는 성장이 더디답니다. 때문에 자신이 기르는 귤나무가 작으면 기를 수 있는 애벌레의 수도 적으니 알은 조금만 채집하는 것이 좋아요.

9월 13일 ☀ 24℃

근처 공터에서 곤충 채집을 하다

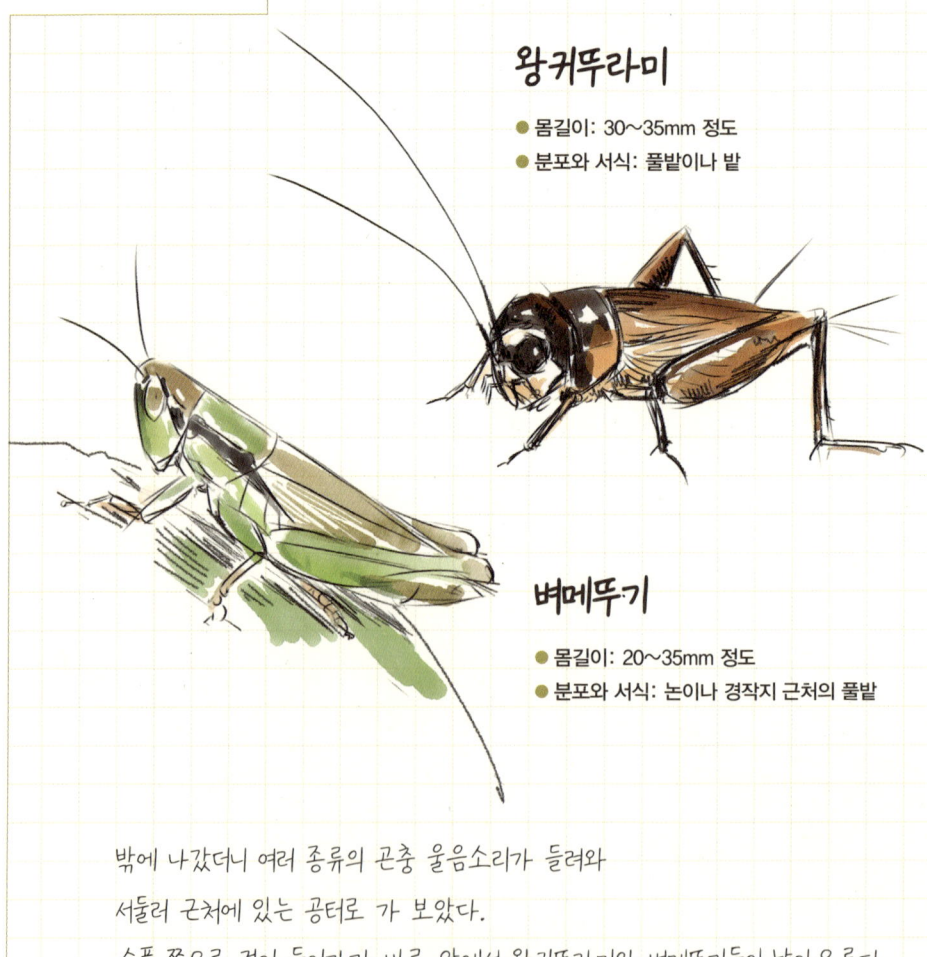

왕귀뚜라미
- 몸길이: 30~35mm 정도
- 분포와 서식: 풀밭이나 밭

벼메뚜기
- 몸길이: 20~35mm 정도
- 분포와 서식: 논이나 경작지 근처의 풀밭

밖에 나갔더니 여러 종류의 곤충 울음소리가 들려와
서둘러 근처에 있는 공터로 가 보았다.
수풀 쪽으로 걸어 들어가자 바로 앞에서 왕귀뚜라미와 벼메뚜기들이 날아오른다.
높게 자란 풀 위에는 사마귀도 있었다.
각시메뚜기나 좀매부리는 아직 애벌레 상태였다.

메뚜기나 귀뚜라미 종류를 찾는 요령은 수풀을 천천히 걷는 것이랍니다. 그렇게 하면 놀란 녀석들이 날아오르죠. 빨리 걸으면 곤충을 밟을 수도 있으니 주의해야 해요. 이 곤충들은 몸이 연약하기 때문에 다치지 않도록 살포시 잡는 것이 중요하답니다. 특히 귀뚜라미는 금붕어를 키울 때 쓰는 작은 그물을 사용해서 위에서 씌우듯이 잡는 것도 좋은 방법이에요.

각시메뚜기 애벌레(약충)

- 몸길이: 50~60mm 정도(성충)
- 분포와 서식: 양지바른 산지, 밭, 초지

사마귀

- 몸길이: 65~90mm 정도
- 분포와 서식: 논이나 밭과 같은 들판, 산자락의 풀숲

좀매부리 애벌레(약충)

- 몸길이: 55~65mm 정도 (성충)
- 분포와 서식: 한반도의 서남부 지역

귀뚜라미 수컷은 상황에 따라 세 가지 소리를 구별해서 낸다고 해요. 먼저 암컷을 부를 때 내는 소리, 또 하나는 가까이 온 암컷에게 구애할 때 내는 소리, 그리고 수컷끼리 싸운 후 이겼을 때 내는 소리로 각각 다르답니다. 귀뚜라미는 방울벌레보다 활동적이어서 좀 더 널찍한 사육상자가 필요하겠지만 기르는 방법은 똑같아요. 기르면서 울음소리의 차이를 잘 듣고 구별해 보는 것도 큰 재미가 될 거예요.

| 9월 16일 | |
| ☂ | 22 ℃ |

호랑나비가 종령 애벌레가 되었다

그물망 속의 호랑나비 애벌레가
녹색을 띤 종령 애벌레가 되었다.
잎사귀를 다 먹어 치울 것
같아서 다른 가지로 옮겨 놓고
그물망을 다시 씌워 두었다.

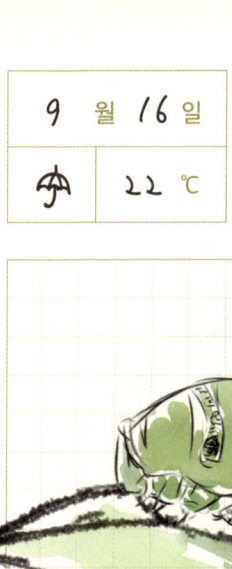

| 9월 20일 | |
| ☁ | 22 ℃ |

전용 상태가 되었다

종령 애벌레가 쑥쑥 자라서
그늘 아래쪽에 있는 나뭇가지로 옮겼다.
오늘 보았더니 그중 몇 마리는
전용 상태가 되어 있었다.
몸을 'ㄱ'자로 구부린 채로
나뭇가지에 달라붙어 있다.

9월 21일	
☀	23℃

번데기가 되었다

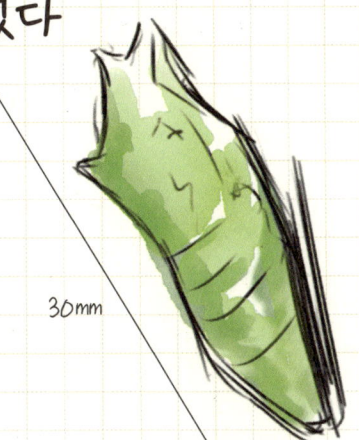

30mm

어제만 해도 전용 상태였는데 오늘은 드디어 제대로 된 번데기 모양으로 바뀌어 있었다. 나머지 종령 애벌레들도 이제 곧 전용 상태가 될 것 같다.

호랑나비의 성장 과정

  →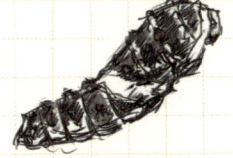

자신을 감싸고 있던 알 껍데기를 갉아 먹은 후 나뭇잎을 먹기 시작한다. 탈피를 되풀이하면서 점점 커진다.

3번 탈피 하고 4령 애벌레가 된다. 군데군데 흰색이 있지만, 전체적으로 까만색이다.

→ 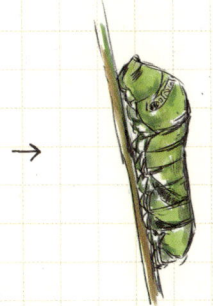 → 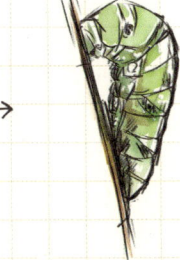 →

4번째 탈피로 녹색을 띤 5령 애벌레가 된다. 번데기가 될 장소를 찾기 시작한다.

장소를 정하면 입에서 실을 뽑아내어 나뭇가지에 몸을 고정하고 전용 상태가 된다.

전용 상태에서 탈피하면 번데기가 된다. 2주일 정도면 우화한다.

나비는 알 상태일 때 채집해 와서 그물을 씌워 두면 괜찮지만, 나비 애벌레를 잡아 오면 맵시벌이라고 하는 큰 기생벌이나 기생파리가 기생해 있는 경우가 많아요. 기생파리는 작은 알들을 미리 식물 잎사귀에 낳아두고, 나비 애벌레가 그 잎사귀를 먹으면 애벌레의 몸속으로 들어가 기생하기 때문에 방심하면 안 돼요. 물론 그 기생벌이나 기생파리도 자연계의 균형을 유지하는 중요한 생명체랍니다.

9월 23일 ☀ 22.5℃

위장술에 완전히 속았다!

방아깨비
몸 색깔은 초록색이나 갈색에 흰색 줄무늬가 있는 것 등이 있다. 흰색 줄무늬가 있는 것은 마른 풀이랑 생김새가 똑같다.

긴수염대벌레
- 몸길이: 80~110mm 정도 (수컷은 65~80mm 정도)
- 분포와 서식: 산림 지대

나뭇가지에 있는 긴수염대벌레를 발견했다. 나뭇가지랑 너무 똑같이 생겼다.

의태[16]가 대단한 생존 전략이기는 하지만, 사실 곤충들이 나뭇잎이나 나뭇가지를 보고 일부러 흉내를 내는 건 아니랍니다. 수백만, 수천만 년에 걸친 진화의 역사 속에서 갑작스러운 돌연변이가 발생했고, 그것이 우연히 나뭇잎이나 나뭇가지와 비슷한 모양이었기 때문에 살아남는 데 유리했던 것이죠. 그리고 그것이 반복되면서 결국에는 완전히 똑같아지게 된 것이고요. 모든 생물의 모습은 끝없는 시간 속에서 진화를 거듭하면서 완성된 것이랍니다.

16) 동물이 자신의 몸을 보호하거나 사냥하기 위해서 모양이나 색깔이 주위와 비슷하게 되는 현상을 말한다.

으름콘나방 (으름밤나방)

- 날개편길이: 90~100mm 정도
- 분포와 서식: 과수원 근처의 으름덩굴 등의 수목이 있는 곳

우리 집 벽에 붙어 있었다. 멀리서 보면 마른 나뭇잎처럼 보인다.

나무껍질나방

- 날개편길이: 30mm 정도
- 분포와 서식: 한반도 전역

우연히 나무줄기에 붙어 있는 것을 발견했다. 나무껍질이랑 너무 똑같이 생겼다.

이 밖에도 여러 가지 의태가 있어요. 예를 들어 독이 없으면서도 마치 독이 있는 생물처럼 보이게 하거나(베이츠 의태, Batesian mimicry), 독을 가지고 있는 곤충들끼리 서로 닮은 모습이 되어 천적이 빨리 알아볼 수 있게 하는 것(뮐러 의태, Mullerian mimicry) 등이지요. 베이츠 의태로는 말벌과 똑같이 생긴 유리나방이나, 독이 있는 왕나방을 닮은 반봉접이라고 불리는 호랑나비 등이 유명해요.

9월 27일	
☁	23℃

벌레와 과일

들신선나비

- 날개편길이: 60~70mm 정도
- 분포와 서식: 울릉도와 남부 해안가를 제외한 한반도 전역

감나무에 감이 익기 시작했다.
새들이 쪼아 먹고 남은 것이
썩어갈 무렵 들신선나비와 네발나비,
그리고 운 좋게 살아남은 점박이꽃무지가
과즙을 빨아 먹으러 와 있었다.
6월쯤 근처의 갯버들나무에
들신선나비의 애벌레가 있는 것을 봤었는데,
그것들이 자랐나 보다.

점박이꽃무지

- 몸길이: 20~25mm 정도
- 분포와 서식: 한반도 전역

썩은 과일을 좋아하는 곤충은 상당히 많아요. 특히 나비나 장수풍뎅이, 사슴벌레 종류가 좋아하지요. 썩은 과일도 나뭇진과 마찬가지로 영양이 풍부하기 때문이랍니다. 일부러 이런 곤충들을 모을 생각이라면 과일 중에 바나나 썩힌 것을 추천해요. 바나나를 잘게 잘라서 따뜻한 곳에 놔두면 썩게 되는데, 그것을 숲속에 갖다 놓으면 그 냄새에 이끌려 여러 종류의 곤충이 모여들거든요.

9월 28일	
☀	22℃

소금쟁이 관찰하기

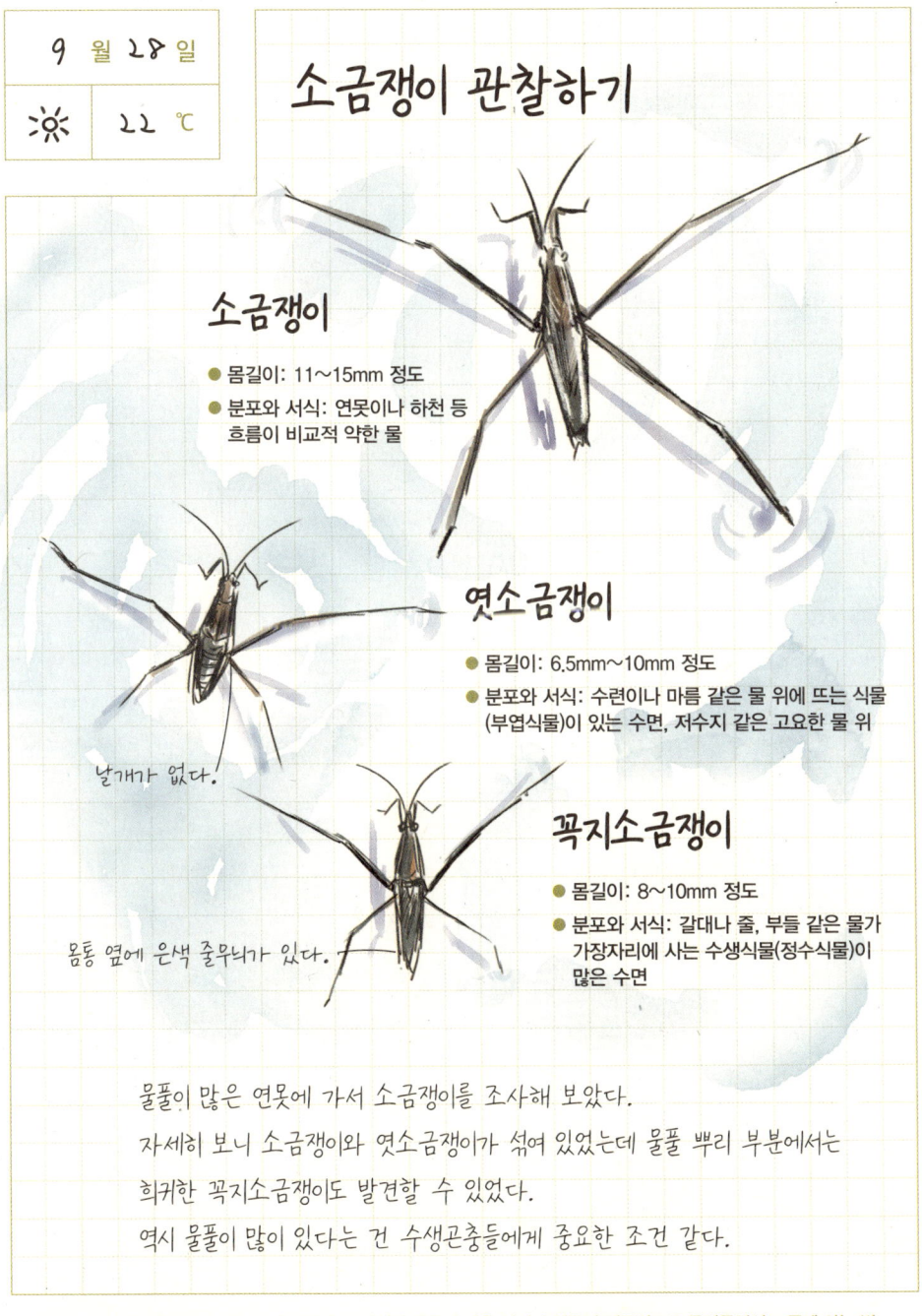

소금쟁이
- 몸길이: 11~15mm 정도
- 분포와 서식: 연못이나 하천 등 흐름이 비교적 약한 물

엿소금쟁이
- 몸길이: 6.5mm~10mm 정도
- 분포와 서식: 수련이나 마름 같은 물 위에 뜨는 식물(부엽식물)이 있는 수면, 저수지 같은 고요한 물 위

날개가 없다.

꼭지소금쟁이
- 몸길이: 8~10mm 정도
- 분포와 서식: 갈대나 줄, 부들 같은 물가 가장자리에 사는 수생식물(정수식물)이 많은 수면

몸통 옆에 은색 줄무늬가 있다.

물풀이 많은 연못에 가서 소금쟁이를 조사해 보았다.
자세히 보니 소금쟁이와 엿소금쟁이가 섞여 있었는데 물풀 뿌리 부분에서는 희귀한 꼭지소금쟁이도 발견할 수 있었다.
역시 물풀이 많이 있다는 건 수생곤충들에게 중요한 조건 같다.

꼭지소금쟁이는 우리나라에서 보기 어려워요. 이처럼 물풀이 많은 강이나 연못이 전국적으로 줄어들면서 그곳에 사는 벌레들도 점점 사라져 가고 있지요. 여러 가지 이유로 잉어를 방생하는 경우가 있는데 이것도 하나의 이유랍니다. 주변에서 쉽게 볼 수 있는 잉어는 원래 우리나라에는 없던 외래종으로, 물풀을 먹어버리거나 흙탕물을 일으켜서 물풀이 자랄 수 없는 환경을 만들기 때문이에요. 물고기가 있는 연못을 보면 아름답긴 하지만 잉어와 같은 외래종은 오히려 환경을 악화시키고 말지요.

10월
October

가을철 벌레들의 최전성기이다.
밤에는 숲과 수풀에서 벌레들의
합창소리가 들린다.

✓ 해야 할 일
- 표본 정리하기
- 내년에 출간할 책 기획안 만들기

4	5	6
풀색꽃무지를 발견	팬지꽃에 암끝검은표범나비의 애벌레	아이 머리에서 머릿니를 발견
11	12	13
연못의 수면에 소금쟁이	미나리에 산호랑나비의 애벌레	밭 근처의 자동판매기에 콩은무늬밤나방
18	19	20
기르고 있던 톱사슴벌레가 죽다	죽은 톱사슴벌레로 표본을 만들기로 함	어리귀뚜라미 소리가 들리다
25	26	27
등산로 입구에서 작은산누에나방과 유리산누에나방을 발견	넓적배사마귀가 산란	공원 연못 위에 외래종 잠자리

	1 산길에 예쁜 **보라금풍뎅이**	**2** 정원에 **깃동잠자리**가 날아들다	**3** 땅 구멍에서 **땅벌**이 들락날락
7 예덕나무에 **콘별노린재**	**8** 가로등에 **왕담배나방**	**9** 가로등에 **수수꽃다리명나방**	**10** 수풀 지면에 **등빨간먼지벌레**
14 날개가 다 헤진 **남방제비나비**를 발견하다	**15** **방울벌레의 알**에 물기를 뿌려서 축축하게 하다	**16** **콘먹나비**가 숲속에서 날아다니다	**17** 민들레꽃에 **수중다리꽃등에**
21 밭 옆의 벽에 **숯검은밤나방**	**22** 가로등에 **초록고운물결자나방**	**23** **남방노랑나비**가 날다	**24** 마지막으로 **흰줄숲모기**에게 물리다
28 공원 근처의 가로등에 잔디의 해충인 **명나방**	**29** **등검정쌍살벌** 수컷이 영역 표시를 하다	**30** **호랑나비의 번데기**는 변화가 없다 이대로 겨울나기에 들어가는 건가?	**31** 정원 나무에 **갈색날개노린재**

| 10월 4일 |
| ☀ 21℃ |

꽃 주변에서 많은 벌레들을 발견했다

큰멋쟁이나비
- 몸길이: 50~60mm 정도
- 분포와 서식: 참나무류나 엉겅퀴, 쐐기풀과 식물이 많은 숲 가장자리나 습기가 있는 곳

풀색꽃무지가 양미역취꽃에 파묻혀서 꿀을 빨고 있었다. 꽃에 파묻혀 있다고 해서 '꽃무지'라는 이름이 붙기도 했다. 큰멋쟁이나비와 양봉꿀벌도 모여 있었다. 외래종 식물이기는 하지만 꽃에는 정말이지 여러 종류의 곤충이 모여든다.

풀색꽃무지
- 몸길이: 10~14mm 정도
- 분포와 서식: 한반도 전역

꽃은 꽃가루받이(수분)[17]를 해야만 씨앗이 만들어지는데, 이 꽃가루받이를 곤충에게만 의지하고 있는 식물이 많이 있답니다. 좋은 예로 작은 벌들을 들 수 있는데, 벌이 없으면 지구상의 식물들이 거의 사라져 버릴 수도 있다고 해요. 우리가 먹는 음식물 중에는 채소나 과일처럼 꽤 많은 부분을 식물이 차지하고 있기 때문인데요. 쉽게 말해서 곤충이 없어지면 우리 먹거리가 사라지고 그로 인해 우리 인류도 살아남지 못할 거라는 뜻이에요.

---

17) 종자식물에서 수술의 꽃가루(화분)가 암술머리에 옮겨붙는 일로, 바람, 곤충, 새, 또는 사람의 손에 의해 이루어진다.

근처 공원에 피어 있는
코스모스에도 곤충들이 모여 있었다.
어리호박벌도 있고 줄점팔랑나비도 많았다.
줄녹색박각시도 정지 비행을 하면서
꿀을 빨고 있었다. 줄녹색박각시의 애벌레는
치자나무를 먹는다.

뚱뚱하고 덩치가 큰 편이다.

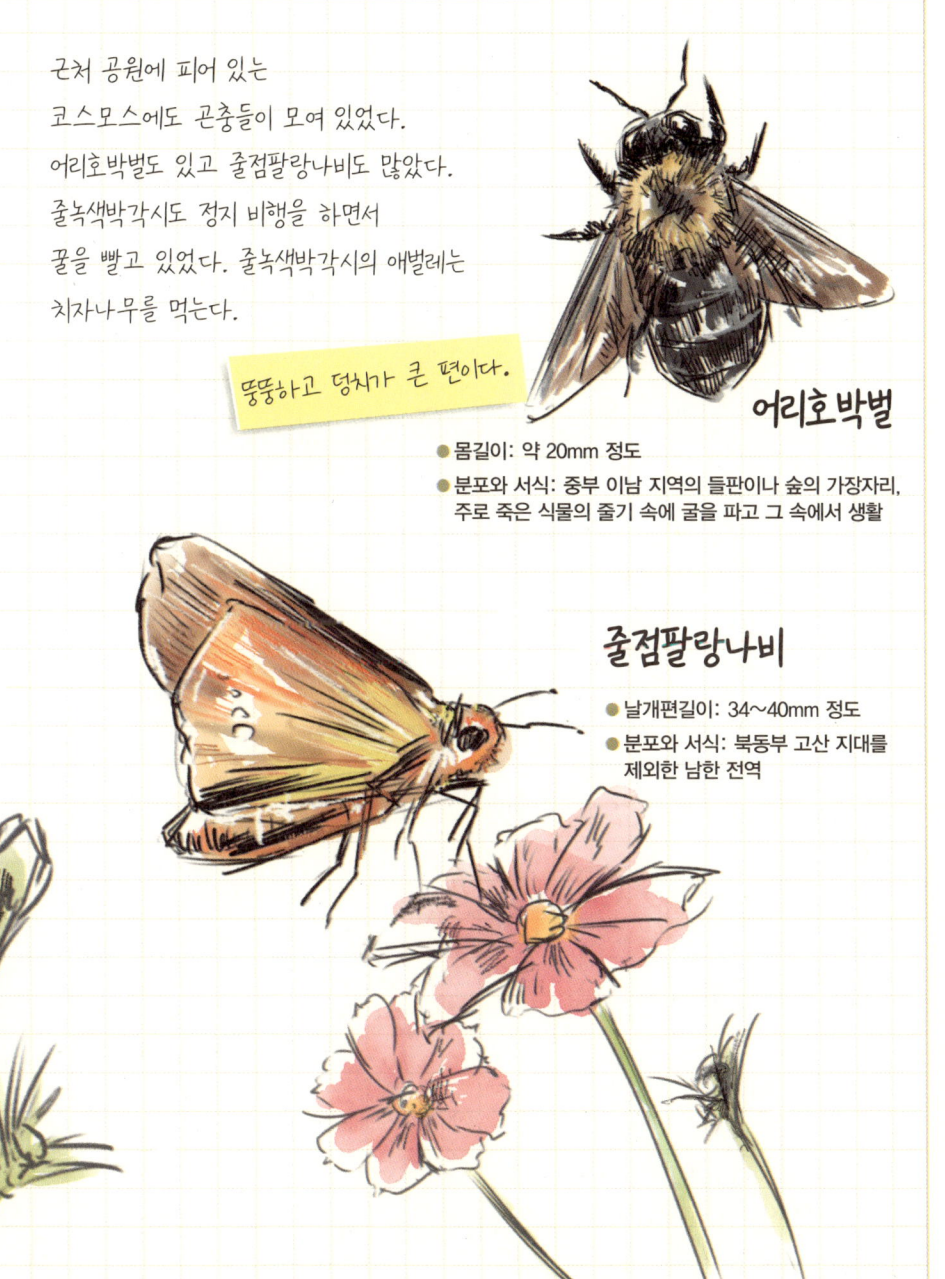

어리호박벌
- 몸길이: 약 20mm 정도
- 분포와 서식: 중부 이남 지역의 들판이나 숲의 가장자리, 주로 죽은 식물의 줄기 속에 굴을 파고 그 속에서 생활

줄점팔랑나비
- 날개편길이: 34~40mm 정도
- 분포와 서식: 북동부 고산 지대를 제외한 남한 전역

벌레나 사람이나 모두 눈을 가지고 있지만 눈의 구조도, 보이는 모습도 서로 다릅니다. 실제로 어떻게 보이는지는 벌레가 되어 보아야 알 수 있겠지만, 인간에게는 보이지 않는, 이를테면 자외선 같은 것도 잘 보인다는 건 확실하지요. 그래서 꽃가루받이를 벌레에게 의존하는 식물들은 이것을 이용해서 벌레들을 불러 모으는데, 벌레에게만 보이는 자외선을 반사해서 꽃에 꿀이 있다는 것을 알려준다고 해요.

10월 18일	
☁	18 ℃

톱사슴벌레가 죽었다

톱사슴벌레가 죽어 버렸다.
그래도 이번에는 수컷만 따로 길러서
그나마 오래 살아 있었던 것 같다.
암컷이랑 함께 기르면 짝짓기를 끝내고 일찍 죽어 버리는
경우가 많다. 톱사슴벌레 입장에서 생각해 보면
숲에서 암컷과 짝짓기를 하고 나서 죽는 편이
차라리 행복했을지도 모르겠다.

사슴벌레 중에는 몇 년이나 살아 있는 것과 여름이 끝날 때쯤 죽어버리는 것이 있어요. 왕사슴벌레, 넓적사슴벌레, 애사슴벌레는 2년에서 4년 정도는 기를 수 있답니다. 하지만 이 톱사슴벌레는 오래 살지 못해요. 왜 이렇게 다를까, 생각할수록 신기하지만, 번식 방법이나 성충이 서식하는 장소가 원인일 것으로 생각하는 사람이 많아요.

10월 19일
☂ 18℃

죽은 톱사슴벌레로 표본을 만들 생각이다

죽어서 썩어 버리면 표본을 만들 수 없지만 죽은 지 얼마 되지 않아서 발견했기 때문에 표본을 만들어 보기로 했다. 표본을 만들 때는 잘 건조하는 것이 무엇보다 중요하다. 핀을 꽂아서 턱과 더듬이, 그리고 다리 모양을 정리하고 1개월 정도 말리면 표본이 완성된다.

날개를 전부 펼친 표본도 있다. 표본 사진은 톱사슴벌레가 아닌 사슴벌레!

표본을 만드는 것은 중요한 일이에요. 곤충의 세밀한 부분의 모양은 표본으로 만들었을 때 비로소 자세히 관찰할 수 있으니까요. 표본이 완성된 후에는 어디에서 누가 언제 채집한 것인지를 메모해서 핀으로 꽂아 두면 나중에 그 곤충의 서식 환경을 알 수 있는 소중한 기록이 된답니다. 또 새로운 종을 발견해서 연구할 때에도 표본을 만들어 놓지 않으면 아무것도 시작할 수 없지요.

육식 곤충과 초식 곤충

여치
- 몸길이: 30~40mm 정도
- 분포와 서식: 양지바른 산지 가장자리나 덤불, 구릉지대

철써기
- 몸길이: 45~58mm 정도
- 분포와 서식: 한반도의 서남부 지역

가을에 우는 곤충의 먹이는 다양하다. 여치나 베짱이는 풀잎도 먹지만 주로 육식을 하며 다른 곤충을 잡아먹는다. 실베짱이나 철써기는 초식 곤충이다. 그리고 귀뚜라미 종류는 대부분 뭐든지 먹는 잡식성이다. 곤충들의 아름다운 울음소리를 감상하면서 곤충의 이름과 그것들이 육식성인지 초식성인지를 맞춰봐도 재미있을 것 같다.

수억 년 전 식물이 번성하자 곤충들도 따라서 번영하기 시작했어요. 새로운 식물이 생겨나면 곤충들도 그것을 먹을 수 있게 진화 했지요. 이는 식물의 다양성과 함께 곤충들도 다양화되었기 때문이랍니다. 나아가 그 곤충을 잡아먹는 육식성 곤충의 다양화, 그리고 곤충을 잡아먹는 동물의 다양화, 또한 곤충에게 수분을 의지하는 식물도 다양화되었지요. 이처럼 생물의 다양성은 끝없는 시간의 역사 속에서 탄생했던 것이랍니다.

10월 25일 ☀ 16℃

눈알 무늬가 있는 나방을 보았다

작은산누에나방
- 날개편길이: 85~105mm 정도
- 분포와 서식: 낙엽 활엽수림의 가장자리

유리산누에나방
- 날개편길이: 75~100mm 정도
- 분포와 서식: 산지나 숲

참나무산누에나방
- 날개편길이: 110~130mm 정도
- 분포와 서식: 산지나 숲

밤나무산누에나방(어스렝이나방)
- 날개편길이: 100~130mm 정도
- 분포와 서식: 산지나 숲, 최근 도심에서도 대량 발생

날씨가 조금 쌀쌀했지만 등산로 입구로 향했다. 그 앞의 자동판매기안을 들여다보았더니 여러 종류의 나방들이 모여 있었다. 큰 것들은 대부분 유리산누에나방과 참나무산누에나방이었고, 날개가 헤져서 엉망이 된 밤나무산누에나방도 있었다. 모두 다 날개에 눈알 무늬가 있다.

논밭에 보면 우리나라에서 허수아비를 세우는 것처럼 이웃나라 일본에서는 눈알처럼 보이는 도구를 설치해 놓는다고 해요. 바로 새를 쫓아내기 위해서말이죠. 새들은 눈알 모양을 무척 싫어한답니다. 눈알 무늬가 있는 곤충은 진화의 역사 속에서 수천만 년이나 이전부터 무늬를 이용해서 천적인 새들로부터 자신을 보호해 왔는데, 그 대표적인 예가 바로 산누에나방류에요. 날개를 접고 앉아 있다가도 새가 부리로 쪼려 하면 이 눈알 모양을 펼쳐서 보여 주지요. 개중에는 하이틴 만화에서나 볼 법한, 반짝이는 눈동자 같은 무늬도 있어요.

11월
November

점점 벌레를 찾아보기
힘들어지는 것 같아 아쉽다.

✔ 해야 할 일
- 논문이랑 에세이 쓰기
- 표본 만들기와 촬영하기

4
칡 군락 위에
뾰족부전나비가
날다

5
동백꽃에
풀잠자리류

6
으름큰나방이
나무줄기에

11
목욕탕에
나방파리가
팔랑거리며 날다

12
동백나무꽃에
수컷 **장수말벌**

13
낮에
노랑털알락나방이
날아다니다

18
개 배설물에
큰검정파리

19
버섯 옆에
알버섯벌레

20
잡목림에
가시대벌레

25
죽을 뻔한
좀사마귀

26
지금까지 살아남은
여름좀잠자리가
날아다니다

27
공원 연못 근처에
깔따구 종류가
날아다니다

	1 청솔귀뚜라미 소리가 아직 들리다	**2** 썩덩나무노린재가 월동 준비를 위해 모여 있다	**3** 녹나무가 장님노린재 때문에 색깔이 변했다
7 왕사마귀가 도로 위에	**8** 좀매부리의 성충이 있었다	**9** 플라타너스가 버즘나무방패벌레 때문에 변색	**10** 짱구개미가 풀의 씨앗을 옮기다
14 섬모시풀 군락에 방금 우화한 암청색줄무늬밤나방	**15** 방울벌레 알에 물을 뿌려서 촉촉하게 하다	**16** 수풀에서 나는 극동귀뚜라미의 울음소리	**17** 집 안으로 썩덩나무노린재가 들어오다
21 나뭇가지에 꽂힌 왕귀뚜라미 발견! 때까치 먹이인가 보다	**22** 말라버린 수액 옆에 까마귀밤나방	**23** 상수리나무에 참나무노린재가 산란	**24** 공원 화장실에 너도베가지나방
28 논 근처에 작은실잠자리	**29** 가로등에 국화금무늬밤나방	**30** 마른 나뭇잎 사이로 붉은갈고리큰나방	

11월	2일
☀	13℃

벌레들의 겨울나기 준비를 관찰하다

남생이무당벌레

- 몸길이: 9~11mm 정도
- 분포와 서식: 나무껍질 틈이나 나무 구멍

우리나라 무당벌레 중 가장 크다.

큰황색가슴무당벌레

무당벌레

- 몸길이: 6~8mm 정도
- 분포와 서식: 야산 잡초 지역 또는 진딧물이 많은 곳

무당벌렛과의 곤충들은 종에 따라서 겨울을 나는 장소가 다르답니다. 바위나 벽 틈 사이에 무리 지어 모여 있는 것은 대부분 무당벌레나 남생이무당벌레이지요. 하지만 우리 주변에서 흔히 볼 수 있는 칠성무당벌레는 겨울을 준비하는 모습을 좀처럼 찾아보기가 힘들어요. 왜냐하면 칠성무당벌레는 억새풀 뿌리 부분이나 근처의 마른 돌 아래처럼 눈에 잘 띄지 않는 곳에 있기 때문이지요.

썩덩나무노린재

- 몸길이: 14~18mm 정도
- 분포와 서식: 한반도 전역

날씨가 상당히 쌀쌀해졌다.
분주하게 움직이던 벌레들의 모습도 점차 사라져 가고
일부 벌레는 겨울을 날 준비를 시작하고 있다.
숲속 오두막이나 콘크리트 벽에는 무당벌레와 남생이무당벌레,
그리고 썩덩나무노린재 같은 노린재들이 모여 있었다.
이제 곧 겨울의 찬바람이 닿지 않는 나무껍질 틈이나 바위틈 같은 곳으로
들어가서 겨울잠을 자겠지.

벽 틈 사이에서 겨울잠을 자야 할 노린재가 종종 집 안으로 들어오기도 해 문제지요. 집 안에서 몸을 녹이고 나면 방 안을 날아다니기도 하는데, 자신도 모르게 잡겠다고 손으로 만지면 심한 냄새가 배곤 한답니다. 하지만 요즘 집들은 기밀성이 좋아져서 곤충이 들어올 염려는 없을 거예요. 집 안 갈라진 틈이 많았던 옛날에는 집 안에도 다양한 곤충이 들어와 살았답니다. 곤충들한테는 점점 살기 힘든 세상으로 바뀌어 가고 있는 것 같아요.

11월 7일	
☁	10℃

도로를 건너는 왕사마귀

왕사마귀
- 몸길이: 68~95mm 정도
- 분포와 서식: 들판이나 숲의 가장자리 풀숲

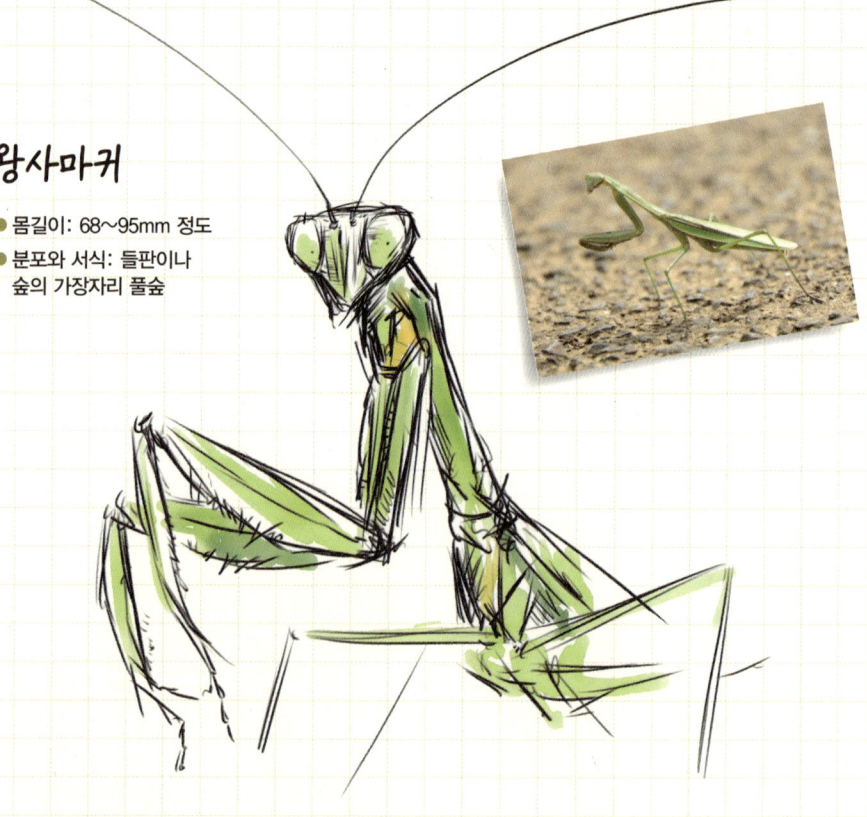

지칠 대로 지친 왕사마귀가
도로 여기저기에 나와 기어 다니고 있었다.
햇볕을 받아 따뜻해진 아스팔트 위에서 몸을 녹이기 위해서라고 한다.
대단한 생명력이다.

하지만 안타깝게도 도로를 건너다 자동차에 깔려 죽는 경우도 많다고 해요. 또 아스팔트 도로는 여름에는 너무 뜨거워 숲을 건조하게 만드는 원인이 되기도 하고, 곤충들이 도로 반대편으로 기어서 건너가다가 열기에 그대로 타죽는 경우도 많아요. 인간에게는 편리한 도로지만 다른 생명체에게는 치명적일 수도 있다는 것이지요. 자동차가 거의 지나다니지도 않는 숲속 길을 아스팔트로 덮어버리는 그런 쓸데없는 공사는 이제 좀 그만했으면 좋겠네요.

11월 21일 9℃

때까치가 나뭇가지에 꽂아 둔 먹이

때까치라고 하는 작은 새는 잡은 먹이를 나뭇가지나 가시에 꽂아 두는데 왜 그런 행동을 하는지 아직 잘 모른다. 나뭇가지에 매달려있던 나뭇잎들이 떨어지자 때까치가 잡아서 꽂아 둔 곤충들이 눈에 확연히 들어왔다. 왕귀뚜라미나 왕사마귀처럼 주변에서 쉽게 볼 수 있는 곤충이 대부분이었지만, 그중에는 왕잠자리의 애벌레 같은 것도 있어서 어떻게 저걸 잡았을까 하는 궁금증이 생기기도 했다. 아무튼, 조금 불쌍해 보였다.

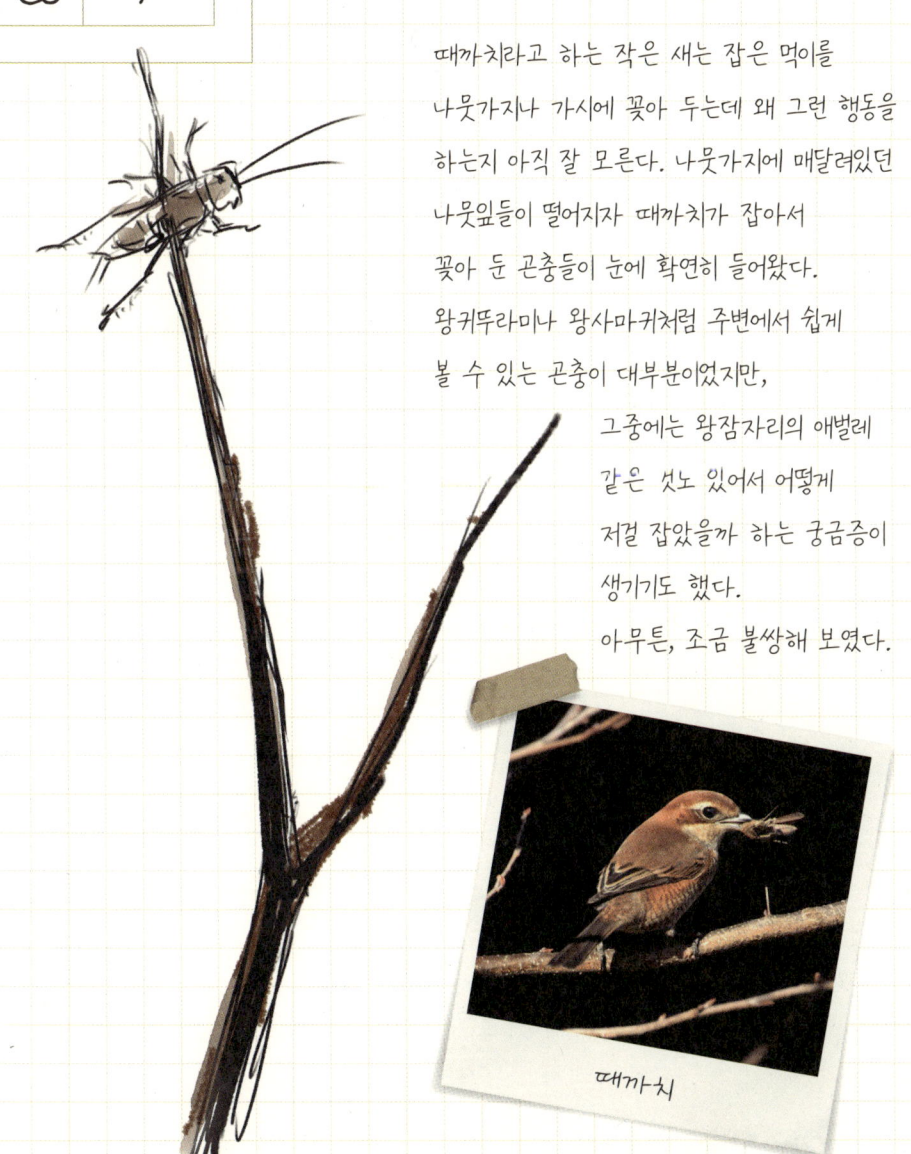

때까치

때까치가 곤충을 잡아 나뭇가지에 꽂아 두는 이유에 대해선 여러 가지 주장이 있는데, 최근에는 겨울철에 먹을 먹이를 저장하기 위해서라는 설명이 유력하다고 해요. 즉, 나뭇가지에 꽂아 두었다가 나중에 그것을 먹는다는 말이죠. 실제로 이렇게 먹이를 많이 저장해 놓은 덕분에 잘 먹고 자란 수컷일수록 번식기에 울음소리의 질이 좋아지고, 암컷과도 쉽게 짝짓기에 성공한다는 연구 결과도 있답니다. 겨울철 관심을 두고 철조망이나 나뭇가지 끝을 보고 다니다 보면 때까치의 저장 식량을 발견할 수 있을 거예요.

박사님으로부터 또 편지가 왔다.

진우에게

나는 지금 케냐에 와 있단다.
이번 조사의 목적은 뿔매미란 녀석이야. 내가 좋아하는 곤충이지.
아프리카에는 아주 희귀한 곤충들이 많이 있는데
아직 우리나라 사람 중에 그것들을 조사한 사람은 별로 없었거든.
케냐에서 유일한 열대 우림 지역인 카카메가(Kakamega) 숲에 왔는데,
생각지도 못했던 여러 종류의 뿔매미들을 발견할 수 있었단다.
그동안 케냐에서는 뿔매미에 대한 기록이 10종 정도밖에 없었는데,
이번에 내가 20종도 넘게 발견했지 뭐냐.
말하자면 새로운 신종을 처음으로 발견한 셈이지!
나 자신도 깜짝 놀랐단다.

버그 박사로부터

진우에게

나는 지금 마다가스카르에 있단다.
마다가스카르는 독특한 곤충들이 많아서 항상 꿈꿔오던 곳이야.
베렌티 사설보호구(Berenty Private Reserve)라고 하는
건조한 지역을 방문했는데 오랫동안 비가 내리지 않았는지
바싹 말라 있어서 곤충이 거의 없구나.
하지만 곤충들한테는 분명히 좋은 시기일 거야.
한 일주일 정도 기다렸을까? 드디어 기다리던 비가 내렸지.
그러자 지금까지의 침묵이 마치 거짓말처럼
여기저기서 곤충들이 쏟아져 나오더구나.
특히 희귀한 파텔라헥소돈장수풍뎅이를 그렇게 많이 볼 수 있었던 건
정말 행운이었어.

버그 박사로부터

겨울

【 Winter 】

12월

1월

2월

12월
December

본격적인 겨울의 시작이다.
날아다니는 벌레는 거의 볼 수 없게 된다.

✓ 해야 할 일
- 책 기획에 대해 좀 더 고민해 보기
- 표본 작성하고 정리하기

4	5	6
외벽에서 **넓적배사마귀의 알주머니**를 발견하다	연못을 들여다보니 **애송장헤엄치게**가 힘차게 헤엄친다	**배짧은꽃등에**가 날아다니다

11	12	13
산의 시냇물에서 **어리장수잠자리의 애벌레**를 보다	옆집 벽에 비어있는 **좀말벌의 벌집**	잡목림으로 **가는실잠자리**를 보러 가다

18	19	20
뽕나무 가지에 **뽕나무통바구미**	나뭇가지에 **천막벌레나방의 알**	겨울철 마른 수풀을 **극동애메뚜기**가 기어가다

25	26	27
썩은 나무속에 **홍가슴개미**와 **개미알**을 발견하다	땅 위에 날개 없는 **흑벌의 친척**	땅속에서 토양성인 **갑충류**를 채집

	1 쥐똥나무여충이 날아다니다	2 산속 화장실에 흰점갈색가지나방	3 털귀뚜라미의 마지막 울음소리
7 느티나무 나무껍질 아래에 제주느티나무 비단벌레	8 집 벽에 비행기밤나방	9 죽을 뻔한 울도하늘소가 정원에 있는 나무로 기어갔다	10 느티나무에, 극동애메뚜기가 천천히 기어가다
14 창고 벽에 알락꼽등이 집단	15 애알락수시렁이가 스웨터를 갉아먹다	16 밤나무에 밤나무왕진딧물의 알	17 나무 위쪽에 비어있는 유리산 누에나방의 고치
21 땅속에 털파리 종류의 애벌레	22 가로등에 물결자나방	23 지하 창고에 고마로브집게벌레	24 나뭇가지에 앉은 뿔나비
28 아이들과 함께 표본을 만들다	29 표본 상자의 방충제를 교체하다	30 대청소를 하다 보니 바퀴벌레 알이!	31 TV를 보다가 고양이한테 붙어 있는 괭이벼룩 발견

| 12월 13일 |
| ☀ 10℃ |

가는실잠자리를 보러 가다

가는실잠자리
- 몸길이: 33~42mm 정도
- 분포와 서식: 연못이나 습지

암컷은 날개가 없다.

검은점겨울자나방
- 몸길이: 18~25mm 정도
- 분포와 서식: 나무가 많은 숲, 고지부터 평지까지 고루 분포

본격적으로 추운 겨울이 시작되었는데 이런 날씨에도 볼 수 있는 곤충은 있다.
오늘은 오랜만에 날씨가 따뜻해서 근처 잡목림[18]에 가 보았다.
먼저 눈에 들어온 것은 검은점겨울자나방.
황금빛 작은 나방이 팔랑거리며 날고 있었다.
양지바른 곳에는 가는실잠자리가 붕붕거리며 날아 다닌다.
네발나비도 날개를 펼치고 햇볕 아래서 몸을 녹이고 있다.

가는실잠자리는 성충인 상태로 겨울을 나는 몇 안 되는 잠자리 종류 중 하나예요. 대표적인 것이 가는실잠자리와 묵은실잠자리인데 서식 환경은 각각 조금씩 달라요. 둘 다 여름에는 새로운 성충이 우화하고 그 상태로 겨울을 나지요. 겨울잠에서 깨어난 성충은 여름까지 살아남는데, 새로운 성충이 나타나는 시기와 겹쳐요. 이런 이유로 이 잠자리들은 일 년 내내 성충을 볼 수 있답니다.

18) 여러 종류의 다른 나무들이 함께 섞여서 자라는 숲을 말한다.

12월 25일 ☀ 8℃

썩은 나무속에 홍가슴개미와 개미알이 있었다

홍가슴개미

- 몸길이: 8~15mm 정도(일개미)
- 분포와 서식: 삼림 지대나 높은 산지의 초원, 암반이 많은 곳, 고산 숲

산에 가서 썩어서 푸석해진 나무를 손으로 뜯어냈더니 그 속에서 홍가슴개미의 알과 여왕개미가 나왔다. 집에 가져가서 길러보고 싶다.

개미 관찰 세트를 구매할 수 있는데, 일개미만 잡아 와서 그 안에 넣어 두면 이상한 행동만 하다가 그냥 죽어버려요. 개미를 기를 때 가장 중요한 것은 여왕개미를 같이 잡는 거랍니다. 집을 짓기 시작한 여왕개미를 잡는 편이 쉬워요. 개미 관찰 상자에 여왕개미를 넣어 두면 알에서 깨어난 애벌레를 혼자서 돌보다가 시간이 지나면 드디어 애벌레가 번데기를 거쳐 완전한 성충으로 탈바꿈한답니다.

12월 28일	
☁	4 ℃

아이들과 표본 만들기

1. 말려두었던 톱사슴벌레를 뜨거운 물에 담가서 몸체를 부드럽게 만든다.

2. 오른쪽 앞날개 윗부분에 곤충핀을 수직으로 찔러서 스티로폼(전시판)에 고정한다.

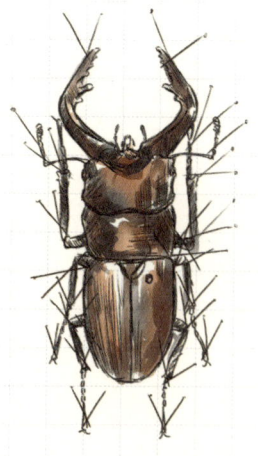

3. 핀셋으로 곤충의 모양을 정리하면서 몸 전체를 곤충핀으로 고정한다.

4. 서늘하고 건조한 곳에 약 1개월 정도 말린 후 맨 처음 꽂아 두었던 곤충핀만 남겨 두고 방충제와 함께 표본 상자에 넣는다. 언제 어디에서 누가 채집한 것인지 등을 써넣은 메모를 붙인다.

표본의 기본은 '곤충 모양을 그대로 갖춘 채 말리기'예요. 나프탈렌 같은 방충제를 주사하는 일 따위는 절대로 해서는 안 돼요. 그리고 건조해둔 곤충은 대부분 말린 표고버섯처럼 물에 넣으면 다시 부드럽게 되기 때문에 모양을 다시 잡아 손볼 수 있어요. 나비 표본을 만들 때는 몸통이 꼭 들어가도록 홈이 파인 전용 나무 전시판에 몸통을 고정하고 기름종이를 잘 라서 만든 전용 유산지를 이용해서 날개를 고정한 후 1~2주 정도 건조하면 예쁜 표본이 된답니다.

- 핀셋
- 곤충핀(굵기에 따라 호수가 있다)
- 표본 상자
- 스티로폼(전시판)
- 방충제
- 본드(작업 중 떨어진 더듬이나 다리를 붙일 때 사용)

넓적뿌리잎벌레

겨울철에 볼 수 있는 곤충은 그다지 많지 않기 때문에 집에서 표본을 만들었다. 오늘은 동네 아이들에게 표본 만드는 법을 가르쳐 주었다. 여름에 잡아서 보존해 두었던 곤충은 바싹 말라 있어 모양을 바로잡기 위해선 뜨거운 물에 10~15분 정도 담가 두어야 한다. 그러고 나면 다리가 부드러워지는데, 이때 곤충의 모양을 잡아가면서 핀으로 고정한 후 건조하기만 하면 된다. 모양을 잡을 때는 곤충도감을 참고하는 것이 제일 좋다. 마지막으로 언제 어디에서 누가 잡았는지 등을 메모한 후 표본 밑에 붙여 놓는 것이 중요하다. 습기가 없고 직사광선이 닿지 않는 서늘한 곳에 놔두면 오랜 시간이 지나도 그 모양 그대로 보존되기 때문에, 나중에 어디에 어떤 곤충이 살았는지 알 수 있는 좋은 자료가 된다.

작은 곤충일 경우에는 핀으로 고정하기가 어려워 다른 방법을 사용한답니다. 약간 두꺼운 종이를 작은 삼각형 모양으로 자르고 그것을 전시판에 핀으로 고정한 후에 삼각형 모양의 종이 끝에 풀을 발라서 표본을 고정하면 되지요. 또 모기는 '마이크로핀'이라고 하는 아주 작은 고정핀을 사용하기도 해요. 몸체가 부드러운 애벌레 등은 알코올에 담가서 병 속에 보존하기도 한답니다.

1월
January

한겨울이지만, 찾으려고만 하면 벌레는 어딘가에 반드시 있다.

✔ 해야 할 일
- 논문 투고
- 책 집필 개시
- 채소 수확하기

4	5	6
벚나무 가지에 **사과하늘소의 애벌레**	숲속에서 **왕사마귀앙 유리산누에나방의 알주머니** 발견	표본 상자 속을 정리하다
11	**12**	**13**
계요등 덩굴줄기에 **계요등유리나방**의 혹	딱정벌레 굴에서 **곤봉딱정벌레**를 찾아내다	굴나무 근처 벽에 **호랑나비의 번데기**
18	**19**	**20**
나뭇가지에 **검정떠과실파리**	공원 숲에 **대륙각시자나방**	**다듬이벌레**가 건조시킨 표본을 갉아먹어 버리다
25	**26**	**27**
차가운 시냇물에 **뱀잠자리의** 애벌레	소나무의 움푹 팬 곳에 **소나무비단벌레**	쥐방울덩굴 근처에 **사향제비나비의** 번데기

1 해돋이를 보러 간 사찰 처마 밑에 ==개미귀신== (명주잠자리 애벌레)	2 밀려있던 표본 만들기	3 표본에 라벨을 붙이다
7 억새풀 뿌리에 ==칠성무당벌레==	**8** 느티나무의 나무껍질 아래에 ==오무늬비단벌레==	**9** 탱자나무 잎사귀 뒤쪽에 ==기름빛풀색노린재==	**10** 논 옆의 흙벽에 ==풀색먼지벌레==
14 나무속에서 발견한 ==보라거저리의== 애벌레	**15** 탱자나무에 ==루비깍지벌레==	**16** 나뭇가지에 ==묵은실잠자리==	**17** 느티나무의 나무껍질 아래에 ==줄딱부리강변 먼지벌레==
21 산속 물참나무 가지에 ==북방녹색부전나비의== 알	**22** 마른 가지 속에 여러 종류의 ==말벌들의 여왕벌==	**23** 떡갈나무 잎 뒤에 ==남방남색부전나비== 집단	**24** 깜빡 잊고 꺼내 두었던 파스타에 ==권연벌레==
28 느티나무 껍질 아래에 ==느티나무벼룩바구미==	**29** 나무줄기에 ==나무껍질나방==	**30** 창문 새시 아래에 ==배추흰나비의== 번데기	**31** ==강도래의 애벌레== 잡이를 보러가다

1월 5일	
☀	5.5℃

사마귀의 알 발견

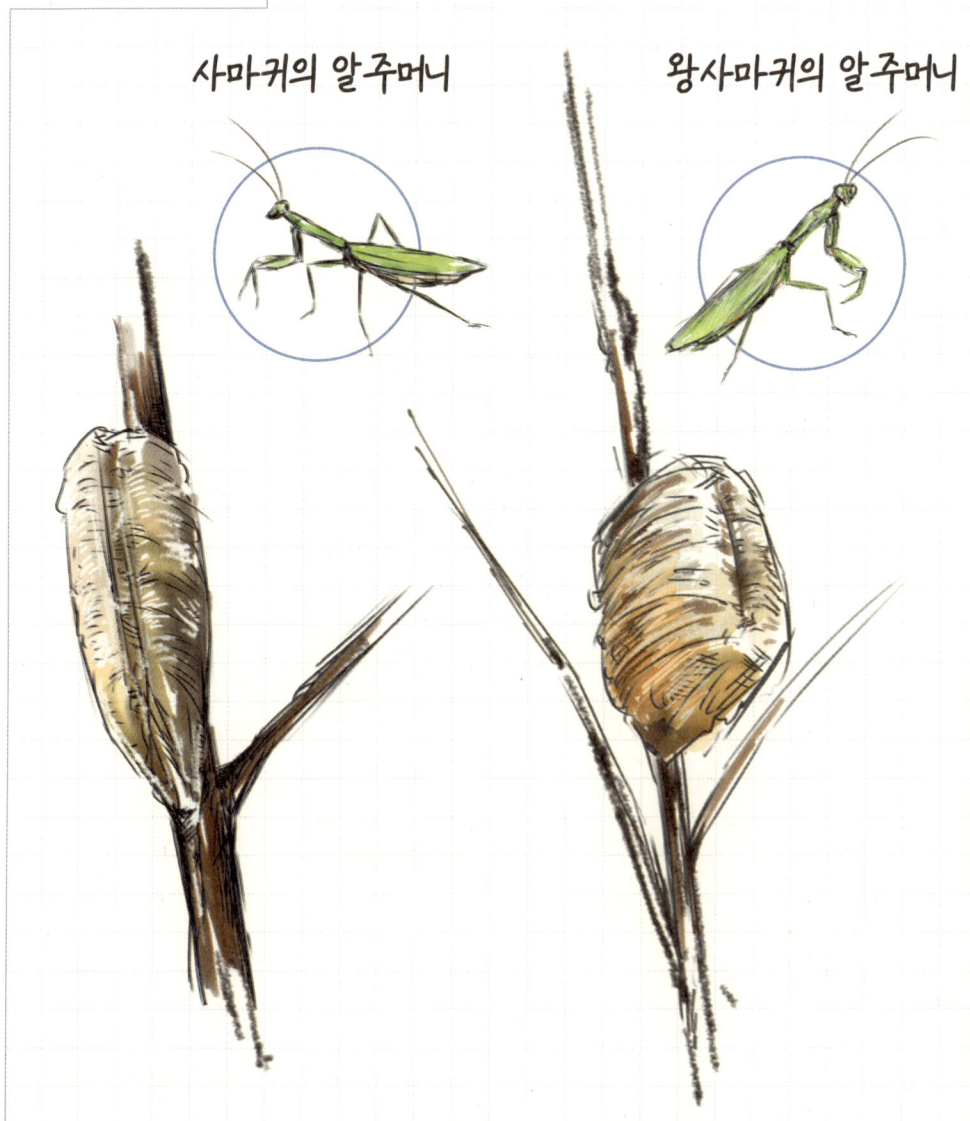

사마귀의 알주머니　　왕사마귀의 알주머니

사마귀의 알은 정확히 말하면 '알주머니'라고 해요. 성충은 산란하면서 거품 상태의 물질을 만들어 알을 감싸죠. 그리고 그 거품이 마르면 딱딱한 스펀지처럼 돼요. 이것은 사람이 사는 집을 만들 때 사용하는 단열재와 같은 역할을 하는데, 추위나 건조로부터 알을 보호하는 역할을 한답니다. 그런데 이렇게 튼튼하게 지은 알주머니도 작은 새들이 와서 먹어버리거나, 굵은뿔수시렁이라고 하는 곤충이 기생하기도 해요.

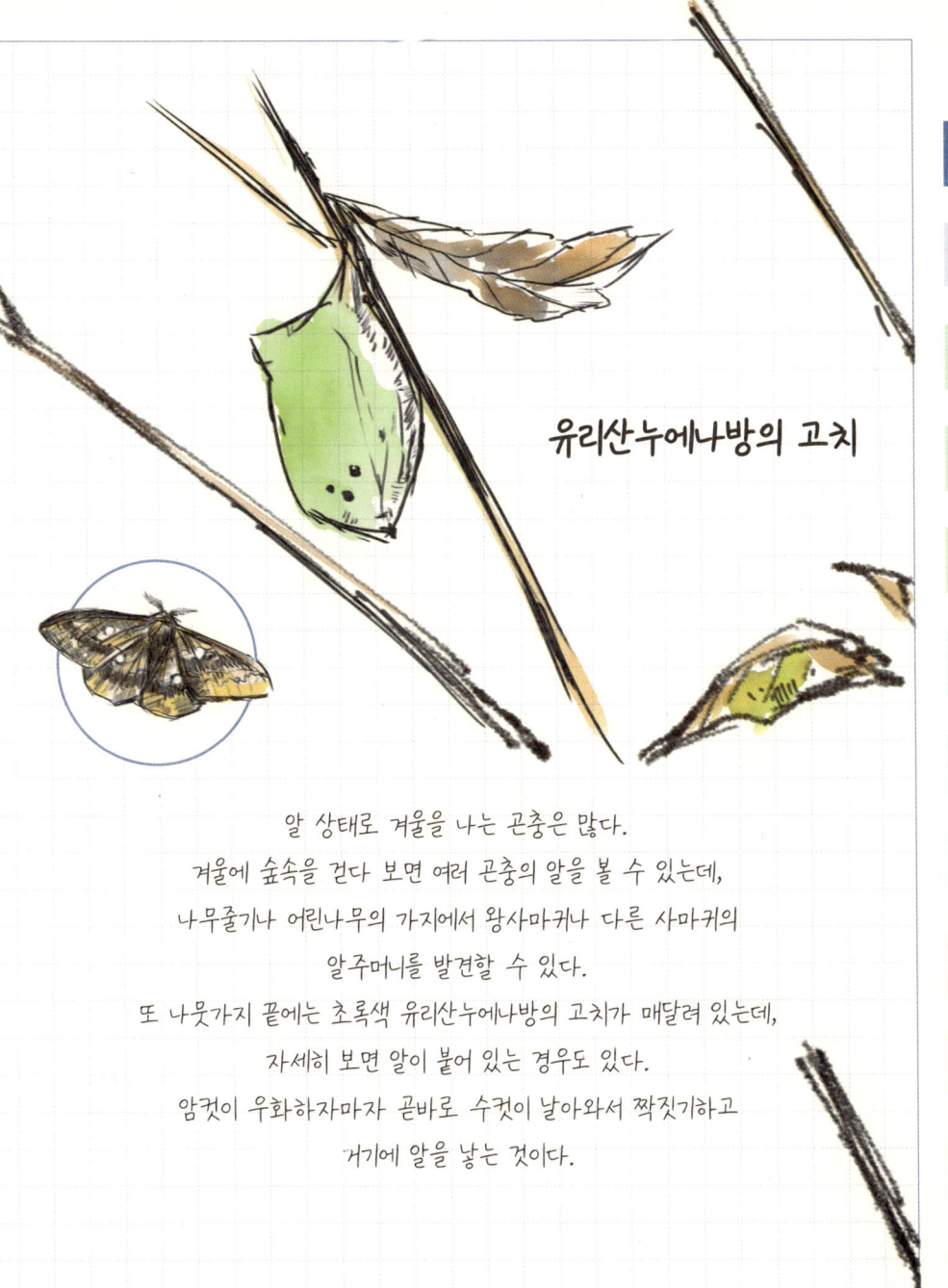

유리산누에나방의 고치

알 상태로 겨울을 나는 곤충은 많다.
겨울에 숲속을 걷다 보면 여러 곤충의 알을 볼 수 있는데,
나무줄기나 어린나무의 가지에서 왕사마귀나 다른 사마귀의
알주머니를 발견할 수 있다.
또 나뭇가지 끝에는 초록색 유리산누에나방의 고치가 매달려 있는데,
자세히 보면 알이 붙어 있는 경우도 있다.
암컷이 우화하자마자 곧바로 수컷이 날아와서 짝짓기하고
거기에 알을 낳는 것이다.

나무는 겨울이 되어도 잎이 떨어지지 않는 상록수, 이와 반대로 잎이 떨어지는 낙엽수가 있어요. 낙엽수가 많은 숲은 겨울이 되면 경치가 완전히 바뀌는데, 얼핏 보기에는 아무것도 없는 것처럼 보이지만 나무줄기, 가지 끝, 썩은 나무 속 등 여기저기 자세히 들여다보면 생각과 다르게 여러 가지 벌레가 있다는 걸 금방 알 수 있을 거예요. 사람의 눈은 잘 보는 것 같지만 실제로는 아무것도 보지 못한다는 것을 실감하는 순간이지요.

| 1월 12일 |
| ☀ 2℃ |

딱정벌레 찾기

딱정벌레는 성충 상태로 썩은 나무나 흙벽 속에서 겨울을 난다.
그런 곳을 찾아서 모종삽이나 작은 괭이로 파 보면
곤봉딱정벌레 같은 딱정벌레가 나오는데
마치 보물을 찾아다니는 기분이 들어서 재미있다.
다른 사람들에게 방해가 되지 않도록 한적한 곳으로
가서 찾아보고, 또 너무 심하게 나무나 흙벽을
파지 않도록 조심해야겠다.

딱정벌레의 일종
- 몸길이: 20~35mm 정도
- 분포와 서식: 한반도 전역

곤충 마니아들은 겨울에 딱히 할 수 있는 일이 별로 없기 때문에 딱정벌레를 찾는 이런 보물찾기 놀이를 하다 보면 시간 가는 줄 모르지요. 또 마른 나무를 손도끼 같은 것으로 깎아 내다보면 사슴벌레를 발견하기도 하는데, 사슴벌레는 대부분 여름부터 가을에 걸쳐 성충이 되고 그 상태로 겨울을 나기 때문이랍니다. 하지만 딱정벌레를 파내는 이런 놀이가 지나치면 곤충들의 서식지 자체를 파괴하는 것이 되므로 한 마리 정도 발견하면 그것으로 만족하고 더는 하지 않도록 주의해요.

겨울철에 곤충 키우는 방법

장수풍뎅이의 애벌레나 방울벌레의 알,
호랑나비의 번데기를 기르고 있는 경우,
겨울철 동안은 방 안이 아니라
현관이나 집 밖의 그늘진 장소 등 추운 곳에 놓아두는 게 중요해요.
이 중 장수풍뎅이는 충분한 습기가 필요하죠.
방울벌레는 봄까지 건조한 상태가 유지되도록 놔두고,
호랑나비는 아무것도 하지 않아도 괜찮답니다.

겨울을 나고 있는 곤충들은 겨울이 따뜻하면 체력을 소모해 버려요. 그러니 겨울철에 곤충을 기를 때는 추운 곳에 두는 것이 중요해요. 제대로 된 겨울을 겪지 않으면 성장하지 못하는 곤충도 있답니다. 자연에서 겨울을 나는 곤충 역시 마찬가지로, 그것들을 찾으러 다닐 때는 그늘진 곳을 찾아보는 것이 포인트예요. 몇몇 곤충은 양지바른 곳을 좋아하기도 하지만, 대부분은 낮 동안에도 따뜻해지지 않는 장소에서 겨울을 나기 때문이지요.

2월
February

벌레들이 매서운 추위를 어떻게
견뎌내고 있는지 관찰하자.

✔ 해야 할 일
- 학생들 논문과 실험지도
- 표본 만들기와 정리

4	5	6
잎사귀 뒤에 **노랑굴파리** 떼	감나무 여기저기에 **노랑쐐기나방의 고치**가 보인다	쓰러져 있는 나무의 나무껍질 아래에 **넓적큰노린재**
11	**12**	**13**
팽나무 낙엽 뒤에 **흑백알락나비의 애벌레**	돌참나무 잎사귀 뒤에 **남방남색꼬리부전나비**의 집단	소나무 밑동에 감겨 있는 볏짚에서 **솔나방의 애벌레**
18	**19**	**20**
나무 이름 팻말 뒤쪽에 다양한 **노린재들**	소나무 줄기의 갈라진 틈에 **껍적침노린재 애벌레**	바닷가에 있는 나뭇잎 뒤에 **긴광대노린재** 떼
25	**26**	**27**
나무 그루터기 속으로 파고 들어간 **애사슴벌레**	쓰러져 있는 팽나무에 **비단벌레의 애벌레**	강아지 배설물에 **큰주름풍뎅이붙이**

	1	2	3
	오리나무에 **작은녹색부전나비의 알**	잡목 숲에 **검정무늬잎말이나방의 일종**	**굵은뿔수시렁이의** 애벌레

7	8	9	10
벚나무 줄기에 **침노린재의 애벌레**	개 배설물에 **알락똥풍뎅이**와 **똥풍뎅이**	**거미나방의** 성충이 벽에	난로 곁에 **길쭉표본벌레**

14	15	16	17
뽕나무에 **뗏누에나방의 고치**	**짝지하늘소**와 **세로줄무늬하늘소**	가시나무 줄기에 **굴벌레나방의 애벌레**	융단 밑에서 **애알락수시렁이의 애벌레**

21	22	23	24
곤충을 해부해서 교미 기관을 관찰하다	강변 자갈 밑에서 **무당벌레붙이**	스키장에서 **네발리스강도래**를 발견	썩은 나무속에 여러 마리가 모여 겨울잠을 자는 **우묵거저리**

28			
호리꽃등에가 추위에 떨고 있다			

| 2월 5일 |
| ❄ -1 ℃ |

감나무에 매달려 있는 노랑쐐기나방의 고치

노랑쐐기나방의 고치

● 분포와 서식: 숲이나 산지

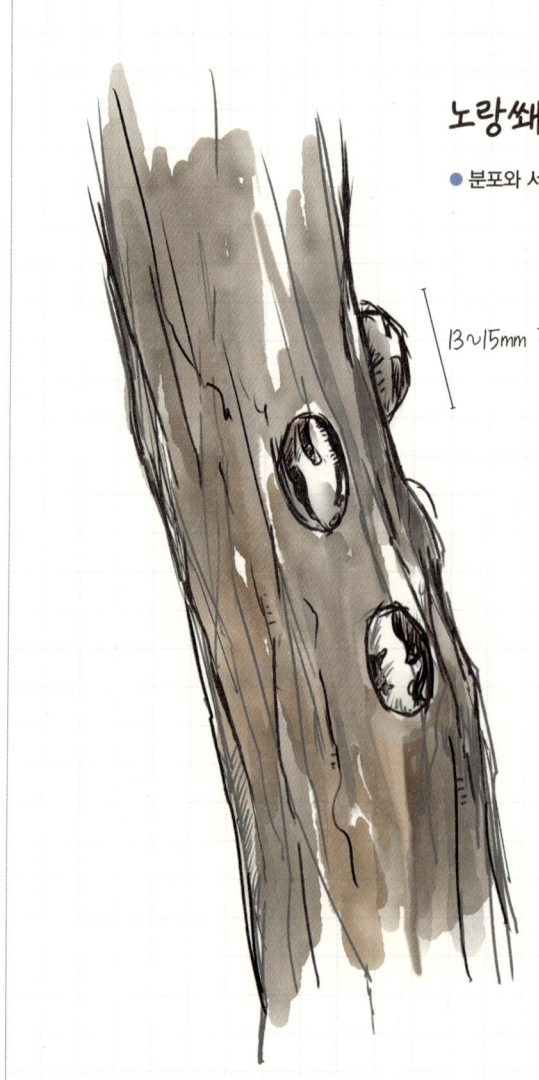

13~15mm 정도

잎사귀가 떨어진
감나무 가지를 보았더니
여기저기에 노랑쐐기나방의
고치가 매달려 있었다.
모두가 제각각 모양이 달라서
흥미진진하다.

노랑쐐기나방의 고치는 천적이나 추위로부터 몸을 보호하기 위해서 아주 견고하게 만들어져 있어요. 손가락으로는 쉽게 찌그러뜨리지 못할 정도이지요. 이렇게 고치가 튼튼한데, 어떻게 우화를 할 수 있을까요? 사실은 애벌레가 번데기를 만들고 나서 안쪽에 동그랗게 홈을 파서 뚜껑을 만들어 둔답니다. 그리고 번데기에서 나온 성충은 날개가 나오기 전에 안쪽에서 그 뚜껑을 밀어내고 밖으로 나오지요. 한편 입안에서 효소를 만들어 그것으로 고치를 녹이고 밖으로 나오는 녀석들도 있어요.

2 월 15 일	
☀	4 ℃

한겨울에 하늘소 찾기

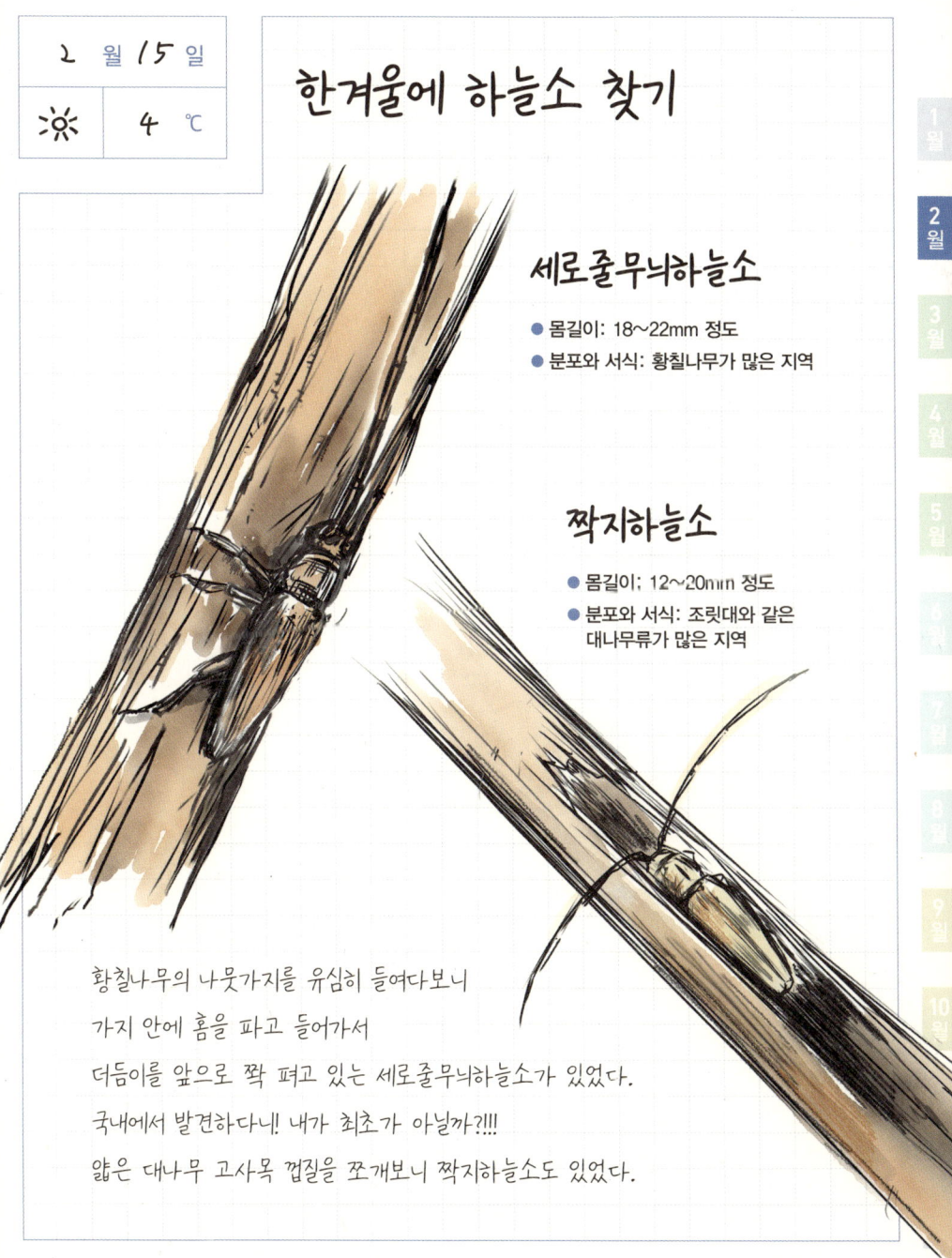

세로줄무늬하늘소
- 몸길이: 18~22mm 정도
- 분포와 서식: 황칠나무가 많은 지역

짝지하늘소
- 몸길이: 12~20mm 정도
- 분포와 서식: 조릿대와 같은 대나무류가 많은 지역

황칠나무의 나뭇가지를 유심히 들여다보니
가지 안에 홈을 파고 들어가서
더듬이를 앞으로 쫙 펴고 있는 세로줄무늬하늘소가 있었다.
국내에서 발견하다니! 내가 최초가 아닐까?!!!
얇은 대나무 고사목 껍질을 쪼개보니 짝지하늘소도 있었다.

하늘소 종류는 대부분 애벌레 상태로 겨울을 나는데 몇몇은 성충인 상태로 겨울을 나기도 한답니다. 세로줄무늬하늘소는 일본고유종으로 우리나라에서 발견하기는 어렵지만, 황칠나무가 많은 지역에서 유심히 나무를 보면서 다니다 보면 찾을 수 있을지도 몰라요. 애벌레는 살아있는 황칠나무를 먹어요. 짝지하늘소의 애벌레는 마른 대나무를 먹고 자라 여름이면 성충이 되지요. 이후 날씨가 추워지면 겨울을 나기 위해 대나무 속 빈 공간에 자리를 잡고 들어가 그대로 봄을 기다린답니다. 그래서 겨울에도 월동하고 있는 애벌레, 번데기, 성충을 모두 관찰할 수 있어요.

2월 19일 ☀ 3℃

소나무에서 껍적침노린재 발견

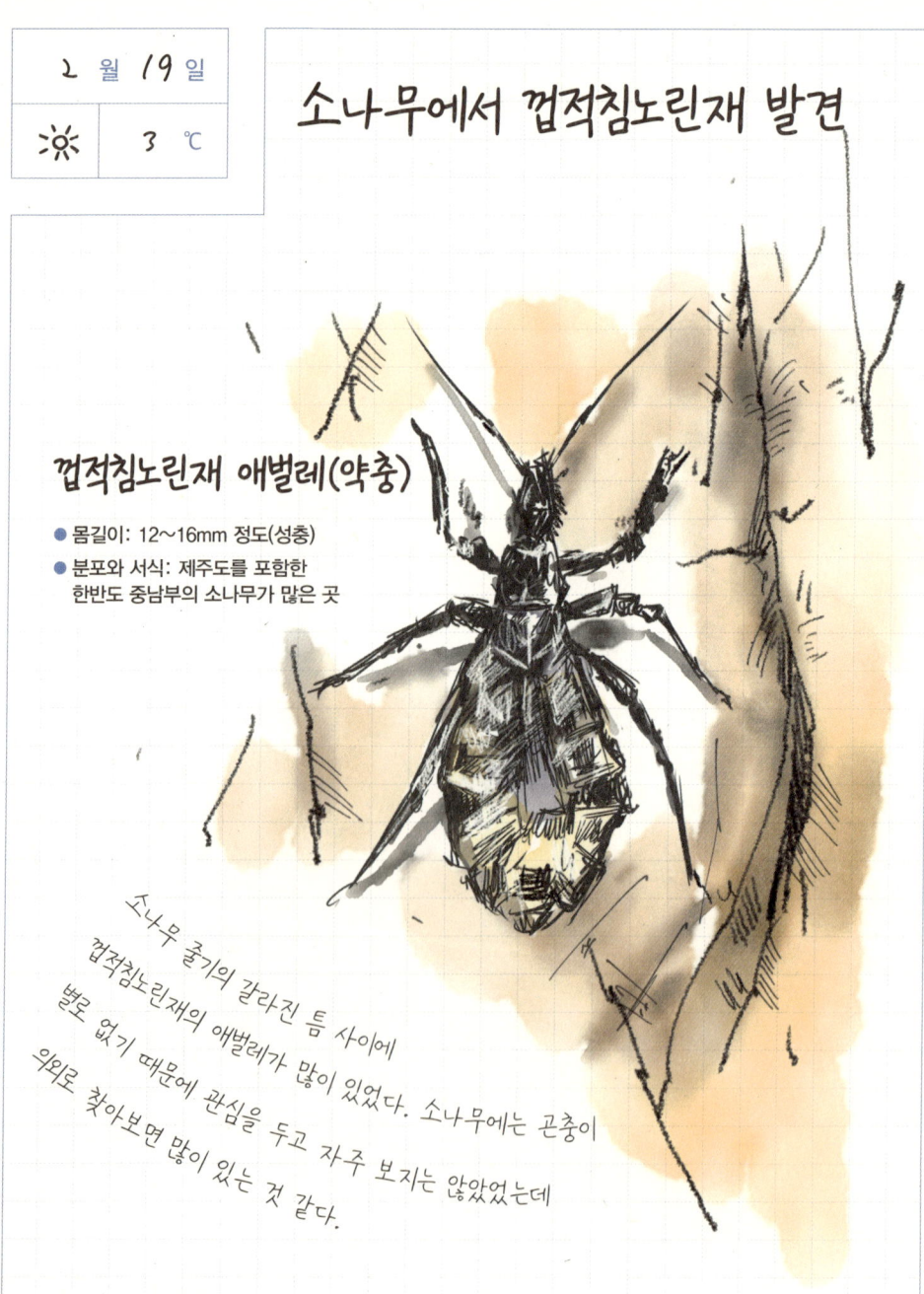

껍적침노린재 애벌레(약충)

- 몸길이: 12~16mm 정도(성충)
- 분포와 서식: 제주도를 포함한 한반도 중남부의 소나무가 많은 곳

소나무 줄기의 갈라진 틈 사이에 껍적침노린재의 애벌레가 많이 있었다. 소나무에는 곤충이 별로 없기 때문에 관심을 두고 자주 보지는 않았었는데 의외로 찾아보면 많이 있는 것 같다.

껍적침노린재는 손으로 만지면 끈적거려요. 이름에서도 알 수 있듯이 몸에 침처럼 끈적거리는 송진(수지)을 바르고 다니기 때문이랍니다. 소나무의 갈라진 틈이나 새싹이 나는 부분에서 송진이 흘러나오는데 거기로 가서 송진을 몸에 바른다고 해요. 왜 송진을 바르는지는 확실히 알 순 없지만, 송진은 엄청나게 끈적거리고 냄새도 강렬해서 새나 그 밖의 천적으로부터 자신을 보호할 수 있기 때문일 거예요.

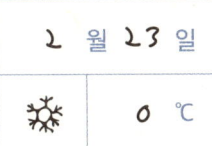

2월 23일
☀❄ 0℃

눈 속에도 곤충이 살고 있다

주로 영하 10℃에서 영상 10℃ 사이에서만 활동한다.

니발리스강도래
- 몸길이: 10mm 정도
- 분포와 서식: 눈이 쌓인 고산 지대나 계곡

눈각다귀
- 몸길이: 10mm 정도
- 분포와 서식: 눈이 쌓인 고산 지대나 계곡

오늘은 오랜만에 스키장에 왔다.
하지만 스키만 타고 있을 수는 없지.
눈 위에도 여러 종류의 곤충들이
기어 다니고 있었다.
그중 제일 흔한 것이 톡토기류.
이 녀석들은 엄청 많다.
찬찬히 찾아보니 니발리스강도래나
눈각다귀가 기어 다닌다.
이렇게 추운 곳에서도 잘 살고 있구나 하는
생각에 나도 모르게 감탄하고 말았다.

주로 영하 6℃에서 영상 0℃ 사이에서만 활동한다.

자연환경이 잘 보존된 곳에서는 곤충이 살기 힘들 것 같은 눈 위에서도 여러 종류의 곤충을 발견할 수 있어요. 먹이는 주로 눈 위에 떨어진 미생물 등이랍니다. 이런 곤충들은 오히려 추운 곳을 더 좋아하는데, 혹시라도 너무 추워 보이는 나머지 손 위에 올려놓기라도 하면 인간의 체온 때문에 죽어 버리거나 곧바로 몸이 굳어 버리는 경우도 있으니 눈으로만 봐야 해요. 겨울에 산에 가게 된다면 꼭 한 번 찾아보세요.

오늘 발견한 곤충에 대해서 자유롭게 일기를 써 보세요!

월	일
	℃

월	일
	℃

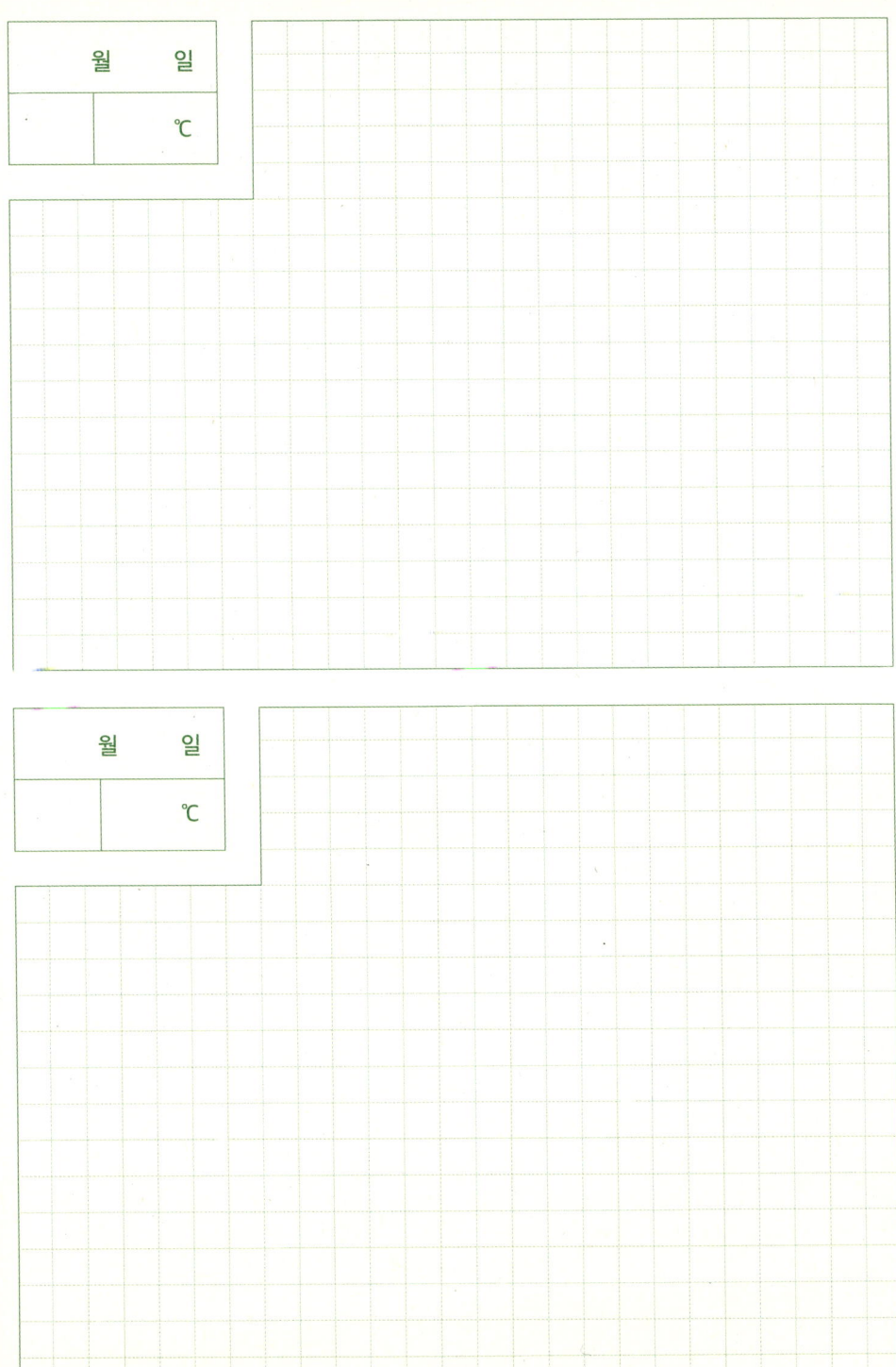

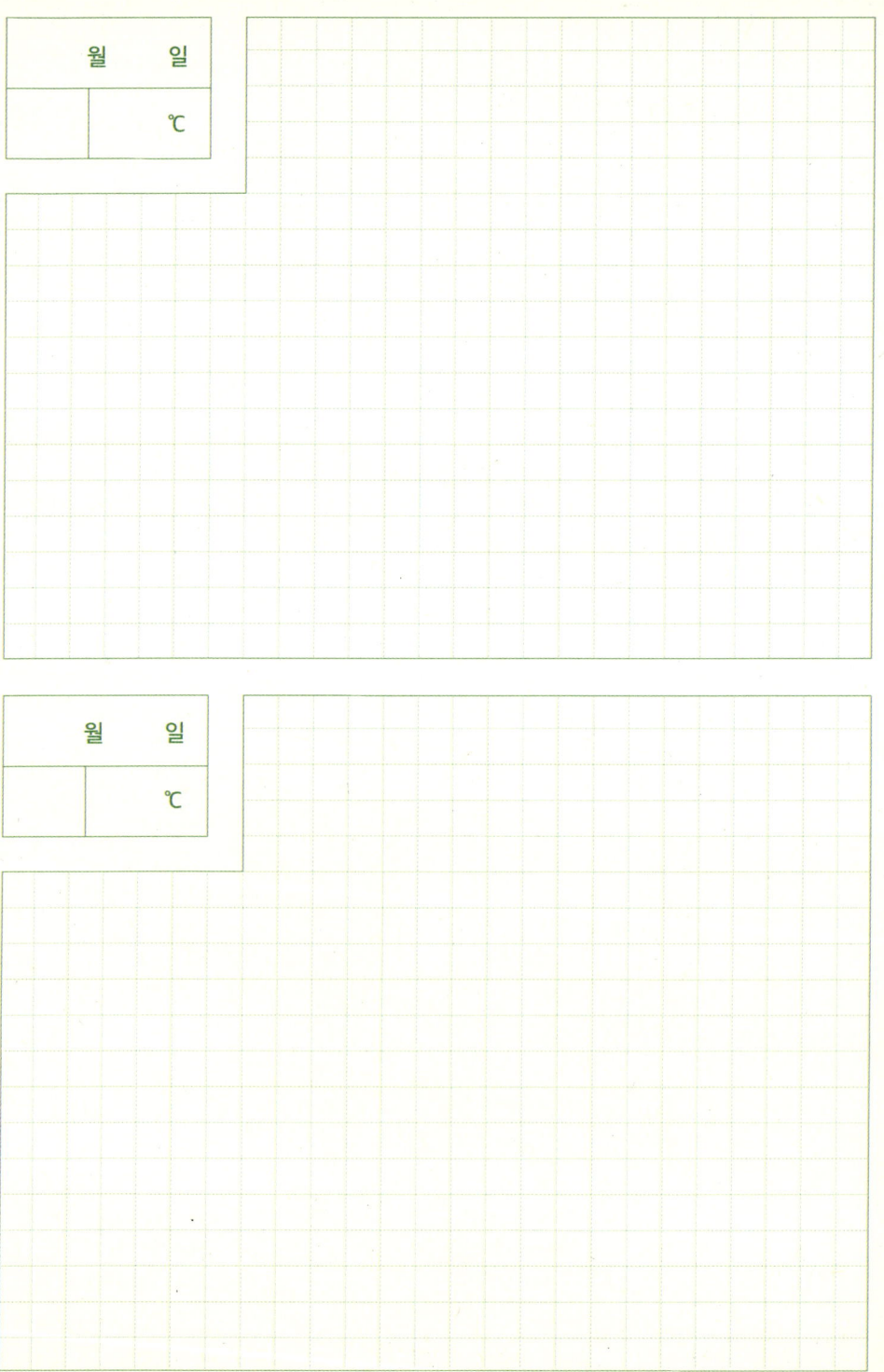

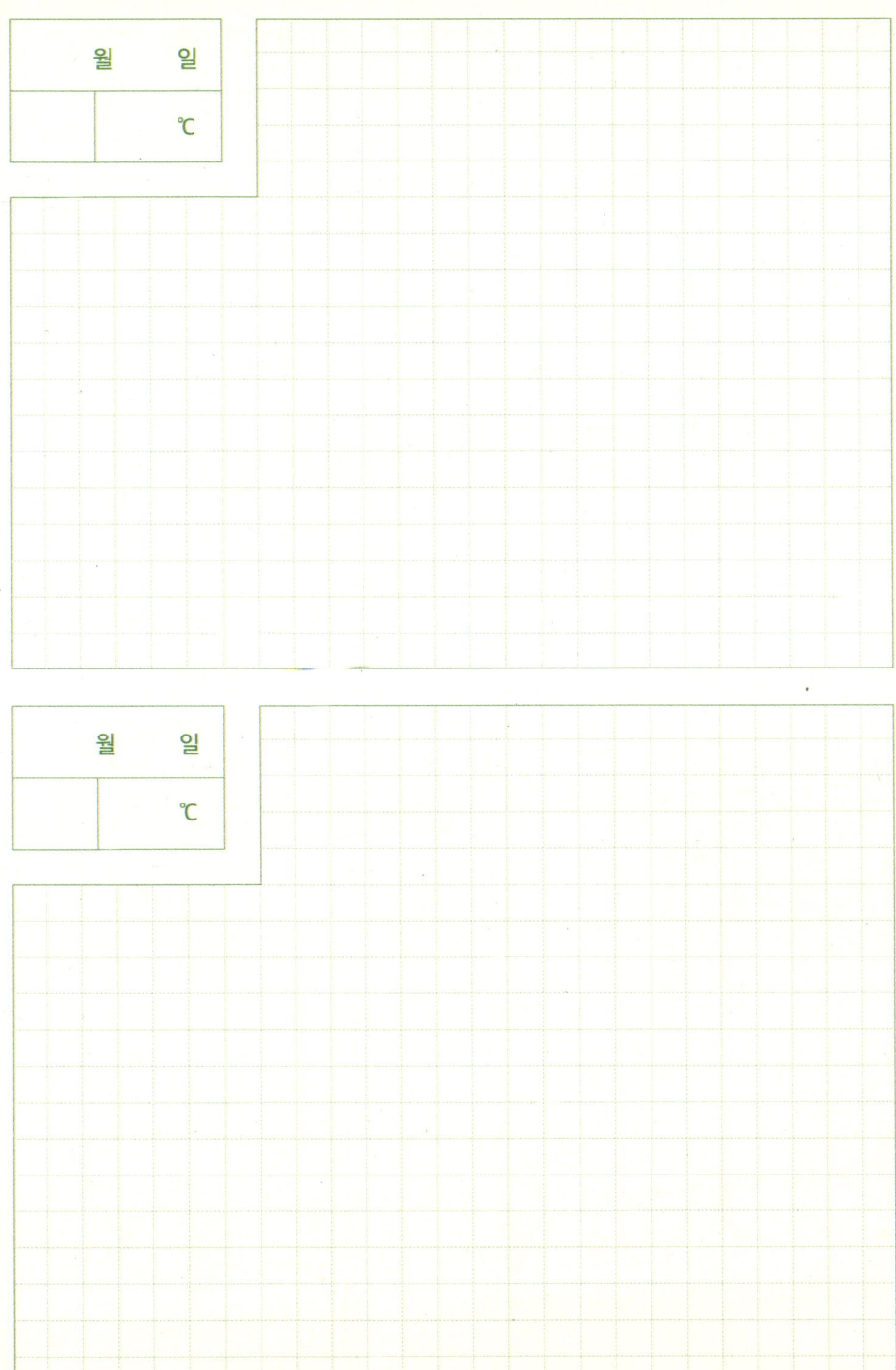

헤라클레스장수풍뎅이
  몸길이 : 수컷 45~178mm 정도
          암컷 45~80mm 정도
  분포 : 중남미

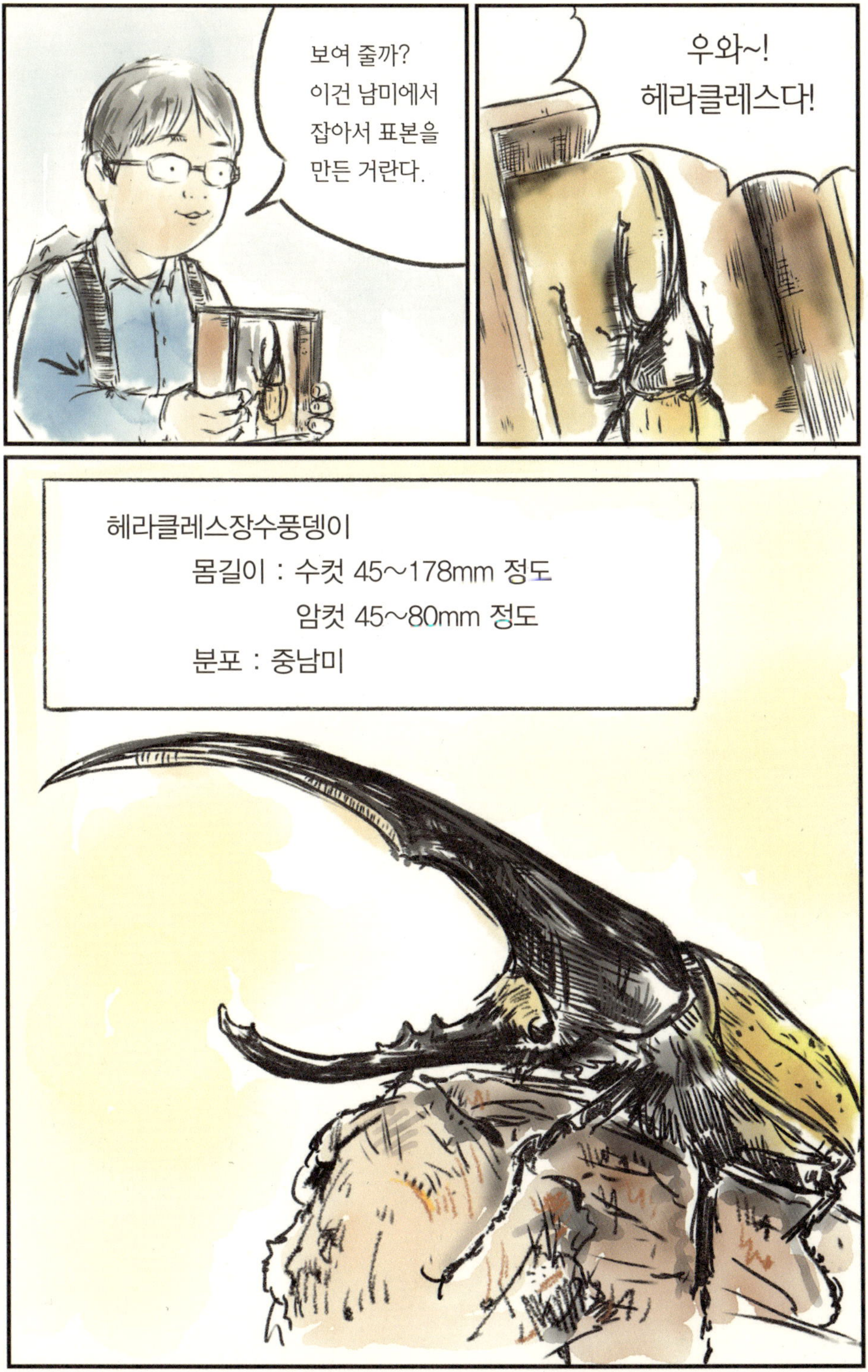

신기한 곤충들이 너무 많았어. 곤충은 정말 대단한 것 같아.

와-

그 순간 나는 마음먹었다.

색인

ㄱ

가는실잠자리	118
각시메뚜기	90, 91
개미	37
개미귀신	48
거제반날개	78
검은점겨울자나방	118
검정날개거위벌레	35
게아재비	40
고추좀잠자리	86, 87
곰개미	36
공벌레	29
금줄풍뎅이	60, 61
긴꼬리산누에나방	27
긴수염대벌레	94
길앞잡이	48
깃동잠자리	87
껍적침노린재	132
꼭지소금쟁이	97
꽃등에	18

ㄴ

나무껍질나방	95
남방남색부전나비	19
남방부전나비	39, 49
남생이무당벌레	108, 109
네발나비	18, 96, 118
노랑쐐기나방	130
눈각다귀	133
니발리스강도래	133

ㄷ

독일바퀴	76
된장잠자리	86, 87
뒤영벌	19
들신선나비	96
등검정쌍살벌	27, 38, 75
딱정벌레	126

ㅁ

매미	72, 73
먹바퀴	76
명주잠자리	48
무당벌레	108, 109
물땡땡이	69
물방개	68, 69, 70
물자라	69
물장군	68, 69
민집게벌레	33
밀잠자리	40, 63, 87

ㅂ

반딧불이	52, 53
밤나무산누에나방	105
방아깨비	27, 77, 94
방울벌레	21, 34, 51, 64, 65, 88, 127
배추흰나비	24, 25
벌꼬리박각시	74
벼메뚜기	90
비단벌레	74
빨간집모기	71

ㅅ

사마귀	90, 91, 124
사슴벌레	58, 65
산호랑나비	28
세로줄무늬하늘소	131
소금쟁이	97
수염하늘소	60, 61
썩덩나무노린재	109

ㅇ

알통다리하늘소붙이	21
암끝검은표범나비	49
애기물방개	40
애기뿔소똥구리	50
애알락수시렁이	21
어리호박벌	101
여치	104
엿소금쟁이	97
왕귀뚜라미	90
왕사마귀	32, 110, 124
왕잠자리	40, 62, 63
유리산누에나방	105, 125
유지매미	72
으름큰나방	75, 95

ㅈ

작은산누에나방	105
장구애비	69
장수말벌	59
장수풍뎅이	41, 54, 55, 58, 59, 65, 79, 127
점박이꽃무지	96
좀매부리	34, 90, 91
줄녹색박각시	74, 101
줄무늬물방개	68, 69
줄점팔랑나비	101
짝지하늘소	131

ㅊ ㅋ ㅌ ㅍ ㅎ

참나무산누에나방	105
철써기	104
칠성무당벌레	20, 108
큰멋쟁이나비	100
큰점박이똥풍뎅이	50
큰줄흰나비	26
큰황색가슴무당벌레	20
톱사슴벌레	41, 58, 59, 79, 102, 103, 120
풀무치	77
풀색꽃무지	100
풍이	59
호랑나비	26, 51, 79, 89, 92, 93, 127
홍가슴개미	119
홍다리사슴벌레	60, 61
흰줄숲모기	71

143

이 책을 읽는 친구들에게

이 책을 펼쳐 든 여러분들은 분명히 곤충을 좋아하겠죠? 저도 어렸을 때부터 곤충을 좋아했답니다. 너무 재미있고 멋져서 어떤 곤충이든지 다 좋았어요. 우리 주변에서 가장 쉽게 만날 수 있는 생명체이기도 하고 또 엄청나게 많은 종류가 있기 때문에 곤충을 알게 되면 자연에 대해서도 배울 수 있지요. 어쩌면 여러분들 주변에는 곤충을 싫어하는 친구들이 많을지도 모르겠어요. 혹여 징그럽다고 할지도 몰라요. 하지만 사람은 각각 좋아하는 것이 다르고 또 그렇다고 해서 놀려서도 안 됩니다. 내가 무엇인가를 좋아한다는 것은 아주 중요한 일이에요. 혹시라도 주위에서 친구들이 놀리더라도 전혀 신경 쓸 필요가 없어요.

곤충은 일본에만 해도 1만 종 이상이 있다고 해요. 사람이 평생 다 볼 수도 없고 또 새로운 종류도 끊임없이 발견되고 있죠. 곤충을 보는 것 자체가 끝이 없는 일이라는 뜻이에요. 그만큼 깊이 있고 재미있는 세계랍니다. 스스로가 그런 곤충을 좋아한다는 사실을 소중하게 생각해 주길 바랄게요.

곤충학자 마루야마 무네토시가

독자 여러분께

여기까지 읽어주셔서 감사드려요.

이 책에서는 계절별로 어떤 곤충들을 만날 수 있는지를 소개하고 있어요. 오늘은 어떤 곤충이 있는지를 확인하면서 다음 달에는 또 어떤 곤충들을 만나볼 수 있을지 기대하다 보면, 곤충을 통해서 계절을 느끼고 설렘을 발견할 수 있는 계기가 될 거라고 생각해요.

저는 초등학생 때부터 매년 호랑나비 유충이 성충이 되어가는 과정을 관찰해 왔답니다. 유충을 바라보는 시선이 한순간에 바뀌기도 하고, 번데기에서 성충이 나오는 것이 기다려지기도 했지요.

이처럼 우리 주변에 있는 곤충들을 관찰하다 보면 일상생활 속에서 지금까지 느끼지 못했던 기대감이나 즐거움을 새롭게 느낄 수 있어요.

곤충은 저에게는 아주 친근한 존재랍니다. 이 책을 통해서 여러분의 일상 속에 새로운 설렘이 싹틀 수 있기를 희망해요.

일러스트레이터 주에키 타로

Special Thanks (@Twitter)

- かりめろ @KOH16
- しか @cica245
- ぷてろう @Pterow
- せせり @Skipper_bfly
- うみねこ博物堂 @umineko22
- K.Yamasaki @mtpeaks
- 蛾も LOVE @moth_love
- こぶ屋 @kobuyahazu
- Utsugi JINBO @mothprog
- Eclair @tw_Athyreus
- ハエ目ハルカ @haemoku_haruka
- ピン・セイダイ @calisius
- 須田研司 @kenjisuda1

 [저자] 마루야마 무네토시

1974년 동경 출신. 일본 홋카이도대학교 대학원 농학 연구과 박사과정 수료. 일본 국립과학박물관, 시카고 필드자연사박물관 연구원을 거쳐 2008년부터 규슈대학교 종합연구박물관 연구조교, 2017년부터 조교수 역임. 개미나 흰개미와 공생 관계에 있는 개미동물(호의성곤충(好蟻性昆蟲), myrmecophile animals)이 전공이며 이 분야에서는 아시아의 최고 석학인. 열정적으로 국내외에서 곤충 조사를 진행하고 있으며 수많은 신종을 발견.

저서
『반짝이는 갑충류』, 『신비한 곤충 뿔매미』, 『곤충은 대단해』, 『개미집을 둘러싼 모험: 둘러보지 않은 조사지가 발밑에 있다』 등 다수

 [그림] 주에키 타로

1988년 도쿄 출신. 일러스트레이터, 화가, 만화가. 제19회 오카모토타로 현대예술상 입선. 우리 주변의 곤충을 모티프로 다양한 작품을 제작. 4컷 만화를 소개하는 SNS 계정 〈부드러운 곤충도감(ゆるふわ昆虫図鑑)〉(@64zukan)의 총 팔로워 수는 약 27만 명.

저서
『부드러운 곤충도감』, 『주에키 타로의 부드러운 곤충대백과』, 『주에키 타로의 곤충채집 컬러링북』, 『부드러운 곤충도감: 우리는 느리게 살고 있다』 등 다수

[번역] 김항율

일본 유학 시절 ㈜홋카이도 차이나워크의 전문 통·번역사로서 일본 국토교통성에서 시행하는 '2005 VISIT JAPAN' 프로그램의 'HOKKAIDO INDEX'를 책임 번역했던 것을 계기로 국제관계에서 번역이 가진 가치와 책임에 대해서 절감하게 되었다.

주요 약력으로는 일본 홋카이도대학교 대학원 문학연구과 언어정보학 전공으로 박사과정 수료. 문학박사(한일대조언어학). 주일삿포로 한국교육원·홋카이도한국학원, 후지여자대학교, 홋카이도분쿄대학교에서 강사로 재직하였으며, 귀국하여 우석대학교, 명지대학교 강사를 거쳐 유한대학교 조교수를 역임. 현재 수원과학대학교 초빙교수. 한국일본어문학회 이사, 한국일본어교육학회 이사, 중국 의료관광 서비스 혁신전략연구소 부위원장을 역임. 번역과 관련된 연구로는 「기계번역에서의 기능동사결합의 오역례 연구」 등이 있으며, 한일 대조언어학의 전문적 식견을 바탕으로 학술번역 분야에서 활동하고 있음. 특히 대학에서 곤충, 식물도감을 소재로 번역 실무 강의를 담당했던 것이 계기가 되어 이 책의 번역과 인연을 맺게 되었다.

저서

『전자제품 매뉴얼로 배우는 일본어 실무번역』(공저), 『알기 쉬운 컴퓨터 일본어 문서작성』(공저), 『일본어 비즈니스 문서 만들기』(공저) 등 다수

사계절 곤충 탐구 수첩
어느 날 내가 주운 것은
곤충학자의 수첩이었다

초판 1쇄 발행 2020년 7월 15일
초판 2쇄 발행 2021년 1월 5일

지은이 | 마루야마 무네토시
그림 | 주에키 타로
옮긴이 | 김항율
발행인 | 김태웅
책임편집 | 양정화
표지디자인 | [★]규
마케팅 총괄 | 나재승
제 작 | 현대순

발행처 | (주)동양북스
등 록 | 제2014-000055호
주 소 | 서울시 마포구 동교로22길 14(04030)
구입 문의 | 전화 (02)337-1737 팩스 (02)334-6624
내용 문의 | 전화 (02)337-1763 이메일 dybooks2@gmail.com
ISBN 979-11-5768-636-0 73490

- 이 책은 저작권법에 의해 보호받는 저작물이므로 무단 전재와 무단 복제를 금합니다.
- 잘못된 책은 구입처에서 교환해드립니다.
- (주)동양북스에서는 소중한 원고, 새로운 기획을 기다리고 있습니다.
  http://www.dongyangbooks.com
- 이 책은 환경 보호를 위해 본문에 재생 종이를 사용했으며
  이에 따라 한국간행물윤리위원회의 녹색 출판 인증 마크를 표시했습니다.

이 도서의 국립중앙도서관 출판예정도서목록(CIP)은 서지정보유통지원시스템 홈페이지(http://seoji.nl.go.kr)와 국가자료종합목록 구축시스템(http://kolis-net.nl.go.kr)에서 이용하실 수 있습니다.
(CIP제어번호 : CIP 2020027017)